美人力
PLUS

HAPPY
HEALTHY
HELPFUL

大人女子の すごい 体幹 トレ&ストレッチ

早稲田大学スポーツ科学
学術院教授
広瀬統一

Gakken

一冊目に上梓した『女子の体幹レッスン』からもう8年が経ちました。当時の私はなでしこジャパンのフィジカルコーチとして、選手に体幹の重要性を伝えていました。そのころはまだ一般女性にとって『体幹トレーニング』は、アスリートの行う激しい筋トレだと思っていた方が少なくなかったと思います。

あれから月日が経ち、最近ではボディメイクに『体幹トレーニング』は不可欠だということを多く人が知るようになりました。そして、体幹を強化するためのさまざまなトレーニングがメディアやSNSにあふれています。

しかし、その数があまりに多く、どれが自分にとって必要なエクササイズなのかわからなくなっている方も見受けられます。また、一般の女性のボディメイクや健康のためには、アスリートが行うような負荷の高い体幹トレーニングは必要なの？　と疑問に思っていらっしゃる

体幹を整えて

方もまだ多いようです。大人の女性に必要な体幹は、正しい姿勢を保ち、日常生活で体を動かすのがラクになる、しなやかな筋肉。体幹をパワーアップするために『鍛える』よりも、体幹を使えるように『整える』ことが大切なのです。

体の中心は体幹です。体幹が整えば連動して脚や腕の筋肉の動きがよくなり、体を動かすのがラクになります。結果、ボディが引き締まり、不調の少ない健康な体に変わるでしょう。

本書では体幹を『整える』を目的とし、運動経験のない女性にもラクに続けられる、ストレッチや簡単な筋トレを部位別にまとめました。今日から誰でもすぐに始められます。ぜひ、気になる部位のエクササイズを毎日1〜2種類から取り入れてください。少しずつ体幹レッスンを続けて、いつまでも美しく健康な体を手に入れましょう。

いつまでも美しく健康な体に！

What's 体幹

体幹力は体を支えるすべての土台

スポーツ選手にとって、競技のパフォーマンスを上げ、ケガを予防するのに体幹の筋肉は不可欠だということは、以前から知られていました。

ですから体幹の筋肉と聞くと「ゴリゴリマッチョな男性向けエクササイズ」と思う人もいるかもしれません。

でも体幹が必要なのはスポーツ選手に限ったことではありません。美しいボディラインになりたい人、健康な体をキープしたい人など、女性にこそ必要な筋肉なのです。

では、そもそも"体幹"とは、いったいどこを指すのでしょう?

体幹とは頭と腕、脚を除いた体の胴体部分のこと。つまり、腰部、腹部、胸部、背部、臀部を指します。この立つ、座る、歩く、日常の基本動作の中心となっているのはすべて体幹。体を支える土台なのです。

ですから、体幹力が弱いと、体を正しい位置で支えられず、姿勢が悪くなり、内臓の位置も下がります。

そのため、見かけも悪くなりますし、不調も増えてくるのです。また体幹は脚など下半身の動きを肩や腕など上半身に伝える役割もしています。

その体幹にある筋肉は深部にあるインナーマッスルと表層にあるアウターマッスルの大きく2つに分けられます。インナーマッスルは体の深部にあり、骨盤や背骨などの骨格を支えている筋肉。一方アウターマッスルは表層にある筋肉で、体を動かすときやスピードを出すときに使います。この両方を同時に刺激して体幹力がつくと、本来持っている美しいボディラインに変わっていきます。

Where

どこが体幹なの？

腕と脚以外の胴体部
体の土台のような存在です

頭と腕、脚を除いて、骨盤、腰、胸、背中、お腹、お尻の部分にある筋肉が体幹筋。体の中心部にあるので、どんな生活をしていても、体幹を使っていない人はいません。だからこそ、弱った体幹を意識して強化すると、いつまでも健康で美しいボディラインを保てます。

Who

だれに必要なの？

筋力が弱い女性にこそ
必要な筋肉です

女性は男性に比べて筋力が弱く、生理や出産準備のために骨盤が変化しやすいので、お腹まわりの体幹筋は女性にこそ必要。また、体幹の筋肉がなく正しい姿勢をキープできないと、ぜい肉がつきやすくなります。お尻、ウエスト、バストにかけての女性らしいボディラインを形成しているのも体幹筋なのです。

Why&When

なぜ大切なの＆いつ使っているの？

日常生活でいつでも使われ
元気で美しい体のために必要

体幹は体の支えとなる土台。手脚を自由に動かしたときにも倒れない、芯のある体には体幹が不可欠なのです。歩く、座る、立つなど、一日中いつでも日常の基本動作の中で、必ず体幹を使っています。体幹がしっかりすれば、日常の基本動作がラクになり、立ち居振る舞いが美しくなるのです。

How

どうやってつくるの？

まずは姿勢を正すことから
意識します

体幹の筋肉づくりは正しい姿勢から始まります。もし正しい姿勢がとれないようなら、それは体幹の筋肉が弱っているせい。まずは自分の姿勢を確認して、使いすぎている筋肉をストレッチし、弱った筋肉を意識しながら刺激することで、体幹のバランスを整えます。

大人女子の美と健康のために

「体幹」は"鍛える" より"整えて"

アスリートがパフォーマンスを上げるために鍛えていることで注目された体幹トレーニング。でも、あなたが大人で健康や美容が目的なら、"鍛える"よりも"整える"ことのほうが重要です。では、"鍛える"と"整える"は何が違うのでしょう？

体幹を"鍛える"とは、筋肉に負荷を与えて筋肉を収縮させながら強くすること。パワープレーをサポートしたり、どんな動きにも対応できる力強い体をつくります。

一方、体幹を"整える"とは、筋肉のバランスを調整すること。日常生活で使いすぎて硬くなった筋肉は伸ばしてゆるめ、働かずに弱くなった筋肉は刺激して使える筋肉に変えていきます。私たちが抱えるさまざまな不調や体型の崩れ、太りやすい

などの美容のお悩みの多くは、体幹筋のアンバランスが原因です。多くの人が普段の姿勢や日常生活のクセで、ある筋肉は使われすぎて硬くなり、ある筋肉は使われずに弱く、弾力を失っています。こんな状態を放置すると、姿勢が悪くなり、ボディバランスが崩れる原因に。この状態で鍛えても効果も半減です。

美しく健康になるための体幹トレーニングは、まずは、硬い筋肉と弱い筋肉のバランスを"整える"ことに注目。体幹筋を整えることで、体のゆがみが取れて姿勢がよくなり、やせやすい体になります。また血流がよくなるので、こりや冷えなどの不調が軽くなるでしょう。「体幹は鍛えるより整える」。これこそが体幹レッスンの極意です。

【体幹へのアプローチ】

体幹を"鍛える"

▶ スポーツなどの **運動能力向上**を 目指す

体幹の筋肉を鍛えることで、スポーツに必要な速い動きや力を出すための動きに対応できる体をつくれます。そのため体幹を鍛えることはスポーツの運動能力向上のためにも大切なのです。

体幹を"整える"

▶ **美容**と**健康**を キープする

美容と健康のためには、体幹筋のバランスを整えることが重要。硬い筋肉はほぐし、弱い筋肉は刺激して、適度にバランスのとれた筋肉をつけると、ボディラインが整い不調が改善します。

体幹を"ケアする"

▶ リコンディショニング などの**ケガ**のケア

体幹筋はまさに体の中心にあり日常生活に欠かせない筋肉です。ケガや痛みがある場合には医師や専門家の指導のもと、元の体の機能や動きを取り戻すために、体幹筋をケアします。

体幹を整える効果 ①

姿勢がよくなる

私たちの姿勢は体幹によって支えられています。ところが、一日中、パソコンやスマホとにらめっこをした状態が続けば、首が前に出た猫背がデフォルト化して姿勢が崩れます。また、筋肉が固まった状態で無理に姿勢をよくしようとがんばってしまうと、反り腰になり腰を痛める原因にも。

例えば、猫背で背中側の筋肉が伸びているとお腹や胸の筋肉が硬く縮みます。反り腰で腰の筋肉が縮むと、お腹の筋肉は伸びすぎて弱くなります。このように筋肉は体の前後で相関関係にあり、姿勢の悪さは体幹筋のアンバランスから起こっているのです。そのため、猫背だからと背中だけ鍛えても、その前後の箇所をストレッチでほぐさないと問題は解決しません。縮んで硬い筋肉はストレッチでほぐし、伸びて弱くなった筋肉は筋トレで刺激することで、体幹を整えることが必要です。それで正しい姿勢を維持できるようになります。

体幹の硬い筋肉をゆるめて弱い筋肉を鍛えると
姿勢が正される

猫背や反り腰などの悪い姿勢は、日常生活で知らぬまに生じた体幹筋のアンバランスが原因。硬い筋肉はゆるめてほぐし、弱い筋肉は鍛えると、いつでも骨盤を正しい位置にキープすることができ、正しい姿勢を保つことができます。悪い姿勢が気になったら、体幹トレーニングを取り入れましょう。

正しい姿勢	猫背	反り腰

骨盤がまっすぐ立ち、体の前後、胸と背中やお腹と腰の筋肉に強弱がなくバランスがとれていると、いつでも正しい姿勢をキープできます。筋肉の前後バランスが崩れると姿勢も崩れます。

背中（肩甲骨まわり）の筋肉はゆるんでいます。背中側の筋肉を鍛えて、胸の筋肉をほぐすことで前後のバランスが整い、猫背が改善。骨盤が後傾している場合は、そちらも整えて。

反り腰は骨盤が前傾して腰の筋肉が硬く縮み、反対に前側のお腹の筋肉はゆるんでお腹がポッコリ。腹筋やお尻、もも裏の筋肉を整えて背中や骨盤の前側をストレッチしましょう。

ボディラインが美しく

ダイエットでは、部分やせは難しいと言われます。それは、食事制限で摂取カロリーを減らしたり、有酸素運動で脂肪を燃焼させるとき、脂肪が落ちる場所は自分では選べないのが人間の体だからです。全身的にサイズダウンするので本当は落としたくないバストやヒップもやせてしまい、落としたいお腹はポッコリ出たままだったりするのです。

でも、体幹を鍛えれば、お腹まわりを狙ううちしてスッキリさせることが可能に！　体幹トレーニングは単純にやせることが目的のものではありません。体幹の筋肉を鍛えると不必要な脂肪は必要な場所に移動し、適度に引き締まった女性らしいボディをつくることができるのです。お腹を押さえ、バストを引き上げ、

ヒップを中央に高く集めるコルセットやガードルなどの補正下着を思い出してください。身に着ければ、下着のホールド力で体幹がまっすぐに支えられ、わき腹のぜい肉が胸のほうへ、太もものぜい肉がヒップのほうへ寄せられ、魅力的なボディラインづくりが期待できます。

この補正下着と同じような役割をはたしてくれるのが、体幹筋です。体幹筋は体の深部にある深層筋と体の表面にある表層筋とに分けられます。特に体の奥にある深層筋は骨格を支える筋肉。骨盤を正しい位置にセットし、体が前後左右にゆがむのを防いでくれます。またお腹の深層筋・腹横筋は下腹を凹ませる天然のガードル筋。このように体幹は見た目を美しく変えてくれるのです。

偏った体のクセがとれると
ボディラインが美しく

筋肉は生活のクセで偏って使われ、バランスが崩れます。いつも同じ側でカバンを持てば、片側の筋肉ばかりが硬くなり、姿勢がゆがむ原因に。体幹トレ＆ストレッチで、このバランスの悪さをリセットすれば、姿勢が整い、美しいボディラインを保つことができます。

偏った使い方で体がゆがむ例

いつもカバンを左の肩にかけるクセがあると、背骨がゆがみ、左肩と右の骨盤が上がり、ゆがみが慢性化して姿勢が悪くなります。体幹トレ＆ストレッチを行うと、硬くなった筋肉はほぐれて弱い筋肉は働くようになり美姿勢に変わるのです！

体幹バランスが整っている **体幹バランスが悪い**

いつも
同じ側で
カバンを持つ

体幹ストレッチ などをする	放っておくと
硬くなった筋肉 がほぐれる	片側の肩の筋肉 が硬くなる
姿勢がよくなる	体がゆがむ

体幹を整える効果③

太りにくい体になる

ダイエットで一時的にやせても元に戻ってしまう…と、悩んでいる人が多くいます。それは体の根本的な問題を解決していないことが原因です。二度と太らない体になるためには、姿勢や歩き方など、日常生活の悪いクセを根本から取り除くこと。

それを可能にするのが、手軽に筋肉のクセを取り除くことができる体幹へのアプローチです。体幹のバランスを整えれば、正しい姿勢がラクにとれるようになってメリハリのあるボディラインになります。さらに関節の可動域が広がるので日常の動きが大きくなり、消費カロリーがアップ。体を動かすのが楽しくなれば、ストレスが軽減して過食も減ります。体幹を整えることは、太りにくい体をつくる第一歩なのです。

可動域が広がるので体が動かしやすくなって アクティブになる

日常生活の中では、筋肉は縮むことが多く、伸びる動きが少ないため、筋肉は硬くなるばかり。体幹ストレッチで意識的、かつ定期的に筋肉を伸ばせば、硬い筋肉にロックされていた関節の可動域が広がり、体が動かしやすくなります。行動はスピーディでダイナミックに！

同じ"歩く"でもこんなに差が出る

歩幅や腕の振りが倍に！

太ももまわりの筋肉が硬くなると、股関節の動きが制限されて歩幅が小さくなります。また、肩甲骨まわりが硬いと腕の振りが小さくなり、その分消費カロリーもダウン。

硬い人　　　やわらかい人

疲れにくい体になり、毎日が快適！
自然と太りにくくなる

疲れると筋肉は硬くこわばります。放っておくと、血行が悪化し、いつも疲れた状態になるという悪循環に。体幹ストレッチをすると筋肉がやわらかくなり、血行が促進されるので疲れにくく、太りにくい体になります。

疲れたときに体をケアした場合orケアしない場合の違い

毎日ほぐせばいつも元気！
体に疲労を感じると筋肉は緊張して硬くなります。1日の終わりにストレッチをすればその日のうちに筋肉の緊張が取り除けるので、いつも元気な体質に！

リラックス効果があるから、
ストレス過食が減ったり、
眠りの質も向上！

ゆっくりと筋肉を伸ばすと、副交感神経の活動が優位になり、心と体がリラックス。ストレスによるドカ食い、なんてこともなくなります。また深い眠りも得られるので、寝ている間に体の機能を回復する成長ホルモンの分泌を促し、代謝のいい体になります。

ストレッチ時の体のリラックスメカニズム

ストレッチで筋肉が伸び、さらに気持ちがいいと感じると、副交感神経が優位になります。すると心と体が落ち着いてきて、ストレス食いが減ったり、よく眠れるようになるのです。

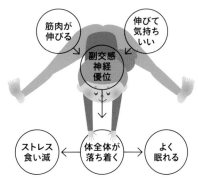

慢性不調が少なくなる

筋肉をやわらかくすれば
血流がアップする

筋肉が硬くなり、筋肉を構成する細い繊維状の筋繊維の間がくっつくと、その間を通る血管を圧迫。血液の流れが悪くなります。筋肉をやわらかくして、血流がよくなれば、筋肉のこりや張りが改善します。

硬い筋肉が血管を圧迫
筋肉が硬いと血管が圧迫されて、血流が悪化。

やわらかい筋肉は血流がいい
筋肉がやわらかいと血液がするすると流れます。

老廃物を運ぶリンパは
筋肉のポンプ作用で流れている

※肝臓、腎臓、心臓の病気や貧血でもむくみます。運動で改善しないときは医師に相談を。

体の老廃物や余分な水分を運ぶリンパはほぼ血液に沿って、全身をくまなく流れています。このリンパは筋肉の収縮活動によって押し出されるように流れる性質。そのため筋肉がよく動くとリンパの流れが促進され、むくみにくくなります。

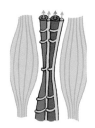

ふくらはぎの筋肉がリンパの押し出しポイント
特にふくらはぎの筋肉がリンパの流れを促進。

冷え

末端＆体幹を連動させて血流がよくなれば
体ポカポカ

末端は心臓から遠いため、冷えが気になる場所。体幹が安定していれば、手首や足首を大きく動かすことができます。筋トレをすると毛細血管が広がり、末端の血管まで血液をめぐらせることができ、続ければ冷えがなくなります。またムリなダイエットは冷えにつながるので要注意。

体幹を刺激する運動で
手先の温度が上昇！

体幹筋がきちんと働いていないと、心臓から末端まで血流が十分届かず、冷えの原因に。体幹筋を刺激することで全身の血流が増加して手先や足先の温度が上がると期待できます。

便秘
Constipation

弱った腹筋にカツを入れて
便を押し出す力を
アップ

便は腸のぜんどう運動によって肛門へと運ばれます。この腸の運動をサポートするのがお腹まわりにある体幹筋。ここを鍛えることで腹圧が高まり、腸を刺激。腸のぜんどう運動を促して、便を押し出す力がアップするため、便秘が改善すると言われています。

※運動で改善しない場合は、ストレス（けいれん性）や不規則な生活（直腸性）が原因かもしれません。その場合は医師に相談を。

お腹の筋肉が腸を刺激する
お腹の体幹筋がつけば腸を強く刺激できる。

contents

大人女子のすごい体幹トレ&ストレッチ

第1章 あなたの体幹力チェック

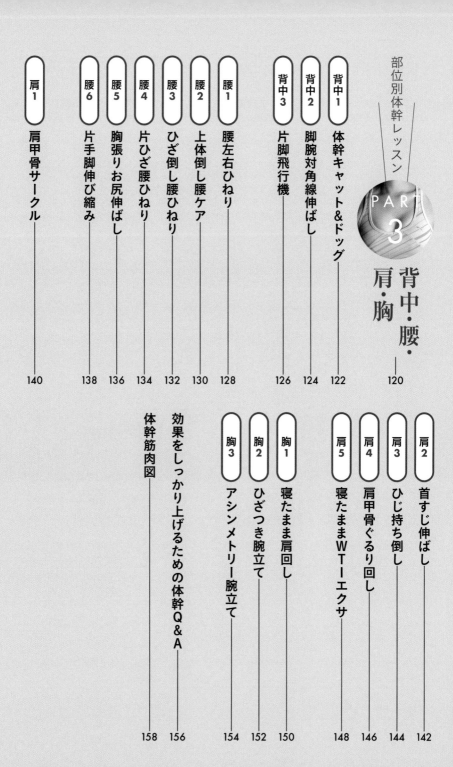

本書のここに注目！

すべてのエクササイズは運動初心者にもわかりやすいように、見開きで構成しています。
はじめによく読んで、刺激する筋肉の解説や、主な効果を理解すると効果がアップ！

**体幹に効かせるコツも
パッと見てわかる**
コツを読めば、どう動けば体幹に効率よく効かせるのかがよくわかる。

トレーニングの強度を★で表示
トレーニングの強度を弱い順に星1つから3つまで三段階で表示。またエクササイズが筋肉を伸ばす動きか縮める動きかがわかります。

主にどこに効くかひと目で確認！
エクササイズは部位ごとにまとめて紹介。気になる部位から始めて。

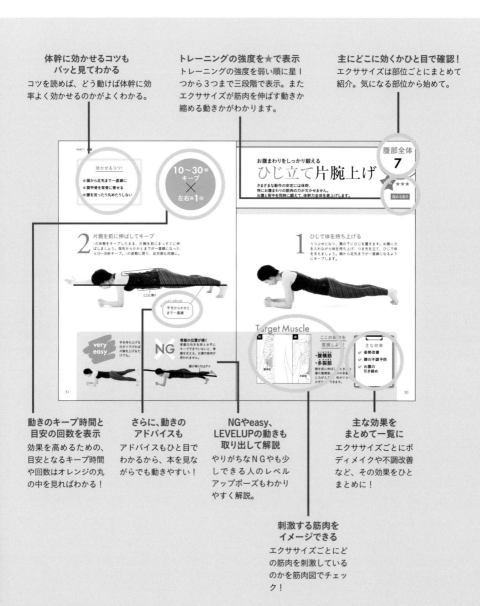

**動きのキープ時間と
目安の回数を表示**
効果を高めるための、目安となるキープ時間や回数はオレンジの丸の中を見ればわかる！

**さらに、動きの
アドバイスも**
アドバイスもひと目でわかるから、本を見ながらでも動きやすい！

**NGやeasy、
LEVELUPの動きも
取り出して解説**
やりがちなNGも少しできる人のレベルアップポーズもわかりやすく解説。

**主な効果を
まとめて一覧に**
エクササイズごとにボディメイクや不調改善など、その効果をひとまとめに！

**刺激する筋肉を
イメージできる**
エクササイズごとにどの筋肉を刺激しているのかを筋肉図でチェック！

あなたの
体幹力
チェック

体幹力は自分自身ではなかなかわかりません。そこで少し体を動かして今の体幹力をチェック。ある部位は強くて、ある部位が弱ければ、弱い箇所の体幹エクササイズを取り入れて、体幹のバランスを整えましょう。

姿勢でわかる体幹力

長年の悪いクセが体幹筋に影響する!

脚をそろえてまっすぐ立ってみましょう。
猫背や反り腰になっていませんか? 姿勢を改めて見なおすと、
自分の体幹力がひと目でわかります!

姿勢	CHECK 1

壁の前にピッタリ立ってみよう!

壁にお尻をつけたら、いつもの姿勢で立って姿勢をチェック。壁から肩が離れていたり、腰が大きく浮いていないか、頭の位置はどうかなどを確認しましょう。

横

- 耳
- 肩
- 腰
- ひざ
- くるぶし

合格

体幹力のある姿勢

横から見て、耳、肩先、腰の横にある出っ張った骨（大転子）、ひざの横、くるぶしがほぼ一直線になるのが体幹力のある姿勢。正面や後ろから見ても、左右のゆがみがありません。

後ろ

- まっすぐ
- 高さが同じ
- 左右の高さが同じ

正面

- 肩
- 腰
- ひざ

22

悪い姿勢グセが体幹の アンバランスを生む

ある筋肉を使いすぎて硬くなったり、使われずにゆるんだりすると、猫背や反り腰などになります。それは体幹バランスが崩れてゆがみが生じているサイン。これを放っておくと、クセになり、ボディラインが崩れ、腰痛などの不調につながるのです。

つまり常に正しい姿勢をキープできるよう、体幹筋のバランスを整え姿勢をリセットしていくことが美ボディで不調のない体づくりには不可欠。チェックテストで自分の姿勢グセを確認したら、姿勢のクセによって異なる弱った筋肉を強化する一方で、使われすぎた筋肉をやわらかくして、正しい姿勢に導きます。

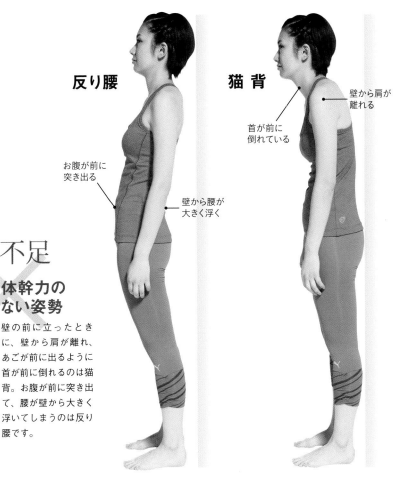

反り腰

お腹が前に
突き出る

壁から腰が
大きく浮く

猫背

壁から肩が
離れる

首が前に
倒れている

不足

体幹力の ない姿勢

壁の前に立ったときに、壁から肩が離れ、あごが前に出るように首が前に倒れるのは猫背。お腹が前に突き出て、腰が壁から大きく浮いてしまうのは反り腰です。

肩甲骨、胸郭、背骨、骨盤の各周辺
体幹4部位の
柔軟性も大切

体幹力をつけるためには、肩甲骨、胸郭、背骨、骨盤のまわりの筋肉がやわらかいことが大切です。まずは体幹まわりの筋肉の柔軟性をチェックしてみましょう！

肩甲骨 まわり **CHECK 1**

肩まわりのやわらかさをチェック
腕が床につく？

あお向けになり、手のひらを上にして両腕を頭上に上げてバンザイ。そのときに腕は床につきますか？

合格

上げた腕が床につく

上げた腕が頭の上に伸びて、床にピタリとつけばOK。肩や肩甲骨まわりの筋肉がやわらかいと、肩甲骨と肩が連動して腕が上がります。

硬い

腕が床から浮く

肩や肩甲骨まわりの筋肉が硬いと腕が伸びきらずに、床から浮いてしまいます。また、肩がついても腰が反りすぎている場合もやわらかさが足りないかも。肩や肩甲骨まわりの筋肉をほぐせば、腕が上がるようになります。

24

胸の筋肉のやわらかさをチェック

胸から上にひねられる?

よつんばいになり、片手を頭の後ろにあてます。胸を天井に向けるように背中の上部・胸郭をひねりましょう。反対側も。

合格

胸を天井のほうに向けられる

胸郭まわりの筋肉がやわらかいと、スムーズに胸を天井のほう(約45度)に向けられます。左右同じように行うと、やりやすいほう、やりづらいほうがあるかもしれません。

胸を少ししかひねれない

胸郭周辺の筋肉が硬いと、胸をひねることができず、胸を天井に向けられません。このタイプの人は胸と背中のほぐしが必須です。

硬い ✕

背中から腰にかけてのやわらかさをチェック
足裏をつけて前屈

脚を腰幅に開いて立ち、腰から上体を前に倒します。
体がどこまで倒れて、手の位置がどこにくるかをチェック!

✕ 硬い

手が床に
届かない

腰まわりと背骨の筋肉が
硬くなっていると、上体
を十分に前に倒すことが
できないので、床に指は
つきません。

合格

指先が
床につく

太ももの裏の筋肉・ハム
ストリングスや腰から背
中を通る背骨に沿った脊
柱起立筋が柔軟だと、体
がしっかり前に倒れます。

かなり
やわら
かい

手のひらが床につく

ももの裏と腰まわりの筋
肉が柔軟だと、股関節か
ら体を半分に折るように
前屈でき、手のひらがペ
タンと床につきます。

太ももの裏側のやわらかさをチェック

あお向けで脚を上げる

あお向けに寝て、両手は体の横に置きます。
床につけているほうの脚が床から浮かないようにして、
反対側の片脚を上げましょう。どこまで上がる?

合格

ひざを伸ばしたまま 70度以上 脚が上がる

ひざを伸ばしたまま脚を
高く上げるためには、太
ももの裏側の筋肉がよく
伸びる必要があります。

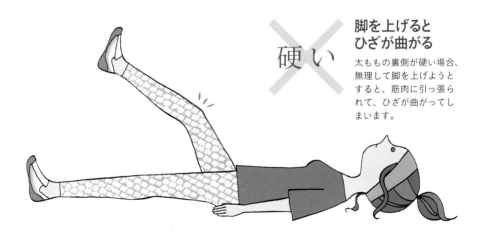

硬い

脚を上げると ひざが曲がる

太ももの裏側が硬い場合、
無理して脚を上げようと
すると、筋肉に引っ張ら
れて、ひざが曲がってし
まいます。

太ももの前側のやわらかさをチェック

かかとをお尻に近づける

うつぶせになり、片脚は伸ばし、反対側のひざを曲げて
足の甲を同じ側の手でつかんで、お尻へ引き寄せます。
かかとの位置は？

合格

かかとが
お尻につく

かかとをお尻につけるには、太もも
前側の筋肉の柔軟性が不可欠。やわ
らかければ、お尻に脚を引き寄せる
のはラクにできます。

✕ 硬い

かかとが
お尻につかない

太ももの前側の筋肉が硬いと、手で
引っ張っても筋肉が十分に伸びない
ため、かかとがお尻につきません。

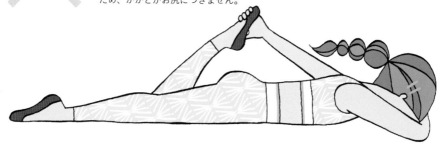

気になる
部位の
体幹トレ

P24〜28のCHECK TESTで 硬い ✕ にあてはまったら、
気になる部位の体幹トレ＆ストレッチを重点的に！

肩甲骨まわりが硬い人は背中や肩、胸郭まわりが硬い人は背中や胸、背骨
まわりが硬い人はお腹全体や下腹、骨盤まわりが硬い人はお腹全体や前もも
も、裏ももをほぐすストレッチを意識して取り入れましょう。

生活の中で見てみよう!

体幹筋柔軟性チェック

☐ 体を動かしたときに、こわばりを感じる

☐ 1日中立ちっぱなしのことが多い

☐ 1日中座りっぱなしのことが多い

☐ 朝起きたときに、体に痛みを感じることがある

☐ 脚がむくみやすい

☐ 立ったり、座ったりがおっくう

☐ 後ろを振り向くときに足の位置を変える

☐ 腰の不調があったり、いつも腰が重い

ひとつでもあてはまったら、筋肉が硬い
可能性大 "伸ばす"体幹ストレッチを習慣に!

深い呼吸ができると体幹も強くなる！

実は、呼吸で体幹は動いている

生きるうえで欠かせない呼吸も深く正しく行うことができれば、体幹の強化につながります。普段の呼吸を見直して、呼吸を体幹トレーニングのひとつに取り入れて。

呼吸筋（横隔膜と肋間筋）がほぐれると体幹強化に

深く呼吸をしたときに、どこが動いていますか？　胸だけ、お腹だけが動いていませんか？　もし胸とお腹の両方が動いていなければ、体幹が使われていないかもしれません。

実は深い呼吸は体幹の筋肉を連動して動かすことのできる、体幹強化に最適なトレーニング。みぞおちの下にある薄い筋肉・横隔膜が上下に動くことで、肺が縮んだりふくらんだりして、たくさんの呼気を吐いたり吸ったりすることができます。また、胸郭のまわりの肋間筋は胸を広げ、さらに深い呼吸を可能にするのです。そのうえ呼吸に連動して胸やお腹、背中の体幹筋が刺激されるので呼吸をするだけで体幹強化につながります。

しかし、横隔膜や肋間筋が硬いと口や鼻だけで行う浅い呼吸になり、連動する体幹の筋肉はあまり使われません。常に深い呼吸をくり返すことで体幹のトレーニングになります。それを可能にするのが横隔膜と肋間筋の柔軟性。これが硬いようなら定期的にほぐして、体幹を強化できる深い呼吸を身につけましょう。

深い呼吸ができているかをチェック

肋骨とお腹
両方使ってる?

片手を胸の上に、反対の手をお腹の上にあてましょう。
大きく息を吸う、吐くをくり返したときに、どこが動いて
いますか? お腹と胸の動きを手で感じてみましょう。

〇 合格

呼吸に合わせて胸が動き
お腹がふくらんだり、凹んだりする

大きく息を吸ったときには、お腹と胸は縦や横に
広がります。息を吐いたときには、胸は中央に寄
せられるように縮まり、お腹が凹んでいれば肋骨
も横隔膜もほぐれていい状態です。

✕ 硬い

呼吸をしても
胸もお腹も動かない

呼吸をしてもお腹も胸も動かない、またはお腹か
胸のどちらかしか動かない場合は、横隔膜や肋間
筋が硬いサイン。次ページに紹介したほぐしを
行ってからもう1度呼吸してみましょう。

次ページのほぐしにトライ!

呼吸を深める
呼吸筋ほぐし

**深い呼吸ができるようになると、呼吸だけで体幹筋を刺激することができます。
そのためにはまず硬い呼吸筋をほぐすことから！**

お腹が動かない人は
横隔膜
ほぐし

呼吸をしたときに特にお腹や胸の下のほうが動かない人は横隔膜ほぐしを。みぞおちの下、肋骨の骨に沿って両手の親指以外の4本の指をあてます。その指を上下左右に10回ほど動かして、横隔膜をほぐします。

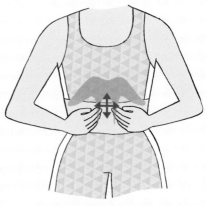

胸が動かない人は
肋間筋
ほぐし

呼吸をしたときに胸が広がらない場合は、肋間筋ほぐしを行って。鎖骨の下に手の指をあて、指を左右に10回、上下に10回動かして肋間筋をほぐします。左右の鎖骨の下をまんべんなくほぐしましょう。

第2章

部位別
体幹
レッスン

お腹、胸、背中など、体幹の部位別に筋肉を伸ばすストレッチと、筋肉を縮める筋トレを紹介します。伸ばす＋縮めるトレーニングをセットで行いながら気になる部位を引き締めて、ボディラインを美しく！

体幹トレ＆ストレッチから
よいスパイラルを生むために

体幹4部位周辺を
ほぐすのがカギ

全身の多くの筋肉は体幹の4部位に連動している

体幹とは頭と腕、脚を除いた体の胴体部分のこと。この体幹が日常の基本動作の中心となり、土台となって体を支えています。全身の筋肉は、この体幹に連動して働いているのです。例えば、歩く動作でいえば、体幹が下半身の動きを腰や肩、腕に伝える役割を果たしています。

体幹を支える骨は肩甲骨、胸郭（肋骨）、背骨、骨盤周辺の4部位に分けられます。そして全身の多くの筋肉はこのいずれかに連動しているのです。そして、その周辺の筋肉が硬ければ関節の動きが制限され、日常の動作が小さくなります。例えば、多くの脚の筋肉は骨盤に連動し

ているのですが、骨盤まわりの筋肉が硬いと、股関節の動きに影響し、歩幅が狭くなります。肩甲骨まわりや肋骨まわりの筋肉が硬いと、姿勢に影響し、呼吸が浅くなることも。また背骨まわりが硬くなれば、姿勢への影響はもちろん、腰まわりに不調を起こしやすくなります。

このように、体幹4部位のストレッチは全身の柔軟性に関わる非常に重要なポイント。体幹4部位に関わる筋肉をほぐしてよく動かせるようになると、連動して全身の筋肉の動きが活発になります。そしてその刺激によって、全身の筋肉がほぐれやすくなるのです。この4部位周辺の体幹筋をやわらかく動かせるように、硬くなっているところをストレッチやトレーニングで刺激しましょう。

ここがほぐれれば全身につながる重点4部位

肩甲骨
けんこうこつ

腕や肩の動きを制限して
上半身の美しさを決める場所

肩の大きな筋肉など上半身の筋肉が連動している場所。腕を動かすのは肩から先ではなく、肩甲骨から、と考えて。ここの周囲が硬くなると上半身の動きが悪くなり、肩のこりなどにも。

胸郭(肋骨)
きょうかく ろっこつ

胸とお腹の筋肉につながり
呼吸や美姿勢を左右する

胸の大きな筋肉である大胸筋や、お腹の腹筋群が硬くなると肋骨まわりが硬くなります。ここの筋肉が硬くなると、呼吸が浅くなったり、猫背になる原因に。

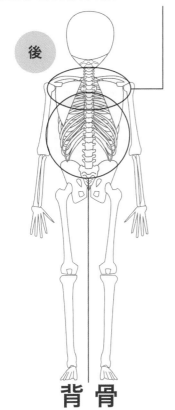

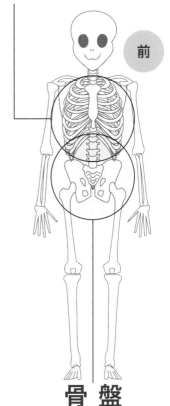

背骨

重い頭を支えながら
美しい姿勢を維持する

S字カーブを描いて重い頭を支えながら、美しい姿勢を維持するところ。この周辺の筋肉が硬いと姿勢が悪くなり、不調が起きやすく、代謝もダウン。

骨盤

脚と体幹をつなぐ重要な部位
代謝アップのキーポイント

太もも前側の大腿四頭筋、裏側のハムストリングス、背骨や骨盤と脚の骨をつなぐ腸腰筋やお尻の大臀筋など、脚と体幹をつなぐのが骨盤まわりの筋肉。代謝を上げる要です。

PART1

お腹

体幹筋は
補正下着と同じ

お腹には内臓を支える骨がありません。その代わりに体幹筋がコルセットのような役割をして内臓を支えています。ところがこの筋肉が弱くなれば、内臓を支えられずに位置が下がり、ぜい肉ははみ出し、お腹まわりがポッコリ。腹圧を高める腹横筋と腹斜筋などを同時に鍛えれば、突き出たお腹が押さえられ、カーヴィーなウエストラインが浮き出てきます。体幹筋はボディをメイクする補正下着と同じ役割をしてくれるのです。また、呼吸をするたびに体幹筋が働いて呼吸が深くなり、同時に腸をマッサージ。便秘の改善にも役立ちます。

美腹に働く体幹筋

❶腹圧が高まり　お腹が凹む

お腹は、お腹の空洞＝腹腔を腹横筋や腹斜筋、腹直筋などさまざまな筋肉で覆われています。お腹まわりの体幹筋を鍛えると腹圧が高まり、お腹をラクに凹ませることができるようになり、内臓の下垂による下腹ポッコリを予防したり、ちょっと食べすぎたときでも、ペタンコお腹をキープできます。

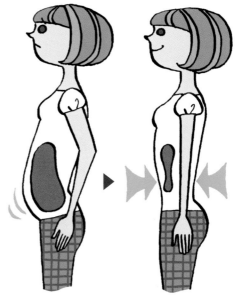

❷コルセットのような　くびれをつくる

ひもでしばるコルセットは、ひもをきつく結ぶほどウエストがくびれます。お腹の体幹筋を整えれば、コルセットと同じように、ウエストのぜい肉をキュッと締めて、究極のくびれが完成！　メリハリのある女性らしいボディラインになります。

お腹と腰の筋肉を同時に伸ばす

腕立てお腹伸ばし

お腹の筋肉を伸ばします。
硬くなったお腹全体の筋肉をストレッチして、
猫背姿勢で使われなくなった筋肉群を刺激します。

伸ばす動き

準備のポーズ

うつぶせになり脚を肩幅
に開きます。両手は肩の
横に置きましょう。

1 ひじを伸ばして上半身を起こす

ひじを伸ばしながら、上半身をゆっくり起こ
して、視線はまっすぐ前を向きます。

Target Muscle

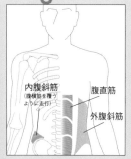

内腹斜筋
(腹横筋を覆う
ように走行)

腹直筋

外腹斜筋

ここの筋肉を意識しよう!

・腹直筋
　ふくちょくきん

・内・外腹斜筋
　ない　がいふくしゃきん

上半身をひねることで腹直筋と腹斜
筋を伸ばしてほぐします。そうする
ことで腰のまわりの可動域もアップ。

主な効果

✓ 腰の不調予防

✓ 下腹が凹む

✓ ウエストの
　くびれ

38

効かせるコツ!

● 下腹に力を入れて

● おへその位置は
　ずらさないように

5秒
キープ
×
左右各1回

Hirose's advice!

わき腹のこりをとると
腰痛がラクになります

2 上半身を 腰からひねる

上半身を腰からゆっく
り左側にひねります。
腹筋が伸びていること
を感じて。

3 あごを斜め上に上げ 視線も斜め上に

さらに少しあごを斜め上に引き上げ、視
線も斜め上に向けて。わき腹が伸びたと
ころで5秒キープ。反対側も同様に。

NG

腰を反りすぎる
おへその下に力を入れて背
中の位置を固定し、腰を反
りすぎないように。

お腹を刺激して筋肉を使えるようにする

寝たままドローイン

息を吐きながらお腹を凹ませて、
お腹をコルセットのように覆う腹横筋を刺激します。
下腹を凹まし、ウエストのくびれをつくる効果あり！

LEVEL ★★★

縮める動き

1 あお向けで脚を腰幅に開く

あお向けになり、脚を腰幅に開いて両ひざ
を立てます。手のひらを下にして、腰の下
に両手を差し込みます。

ZOOM UP

腰が床から少し浮いています。

Target Muscle

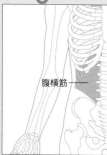

腹横筋

ここの筋肉を意識しよう！

・腹横筋
ふくおうきん

腹横筋は凹ませたお腹をキープする
ガードルのようなもの。下腹がスッ
キリ！

主な効果

✓ 下腹が凹む

✓ ウエストの
くびれ

✓ 便秘解消

効かせるコツ!

●骨盤を床に押しつけるように
●息を吐いてお腹を凹ませる

10回

2 息を吐いてお腹の筋肉を縮ませる

口からゆっくりと息を吐き出し、お腹を凹ませます。そのとき、骨盤を床に押しつけるように意識しましょう。1に戻り10回くり返します。

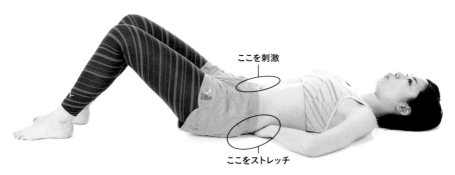

ここを刺激

ここをストレッチ

Hirose's advice!

背中とお腹を床に
つける気持ちで行う

ZOOM UP

腰から背中を床にペタッとつける
ようにお腹を凹ませます。

弱った腹筋をしっかり刺激

へそ見腹筋

お腹を縦に走る腹直筋を刺激して、
ポッコリ出たお腹を上から押さえます。早く体を起こすより
できるだけゆっくり起こすことで、効果がアップ！

1 あお向けになり、両ひざを立てて 手を腰の下に入れる

あお向けになり、脚を腰幅に開いて両ひざを立てます。手
のひらは床に向けて、腰の下に両手を差し込みましょう。

Hirose's advice!
ひざを腰幅に開く

Hirose's advice!
両手を腰の下に入れる

Target Muscle

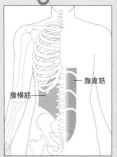

腹直筋
腹横筋

ここの筋肉を意識しよう！

- **腹直筋**（ふくちょくきん）
- **腹横筋**（ふくおうきん）

お腹前面中央にある腹直筋、お腹を
覆う腹横筋を意識しましょう。腹筋
力をつける基本のトレーニングです。

主な効果

✓ 下腹が凹む

✓ 腰の不調予防

✓ 便秘解消

効かせるコツ!

● 頭はゆっくり上げて下ろす

● 骨盤を両手に押しつけるように

10回

2 おへそを見るように腹筋で 肩を持ち上げる

腰をつけたまま、息を吐きながらお腹に力を入れてゆっくりと頭を起こします。肩甲骨が床から5cmほど上がったら頭を下ろします。10回行います。

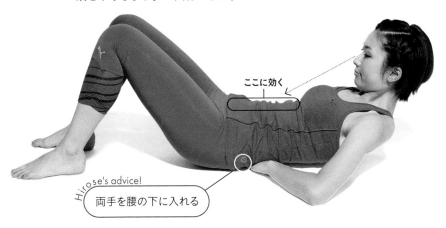

ここに効く

Hirose's advice!

両手を腰の下に入れる

少しおへそを
のぞくだけでもOK

very
easy

体が持ち上がらない場合は、お腹で体を起こせるところまで持ち上げて、おへそをのぞくだけでも。

姿勢がよくなり全身引き締まる
プランク

腹筋や背中、肩などの筋肉などを、幅広く刺激できるエクサ。
運動不足や加齢が原因で、ゆるんだ体幹を引き締めます。
肩甲骨を整えることでバストを高い位置にキープも！

1 ひじをついてうつぶせから
体を持ち上げる

うつぶせになり、両ひじを肩の下に置き、脚
は腰幅に開いて、つま先を立てます。お腹に
力を入れて、ひざを支えにしながら、体を持
ち上げます。

Target Muscle

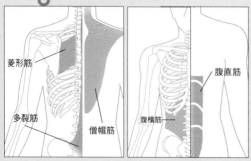

菱形筋

多裂筋

僧帽筋

腹直筋

腹横筋

ここの筋肉を意識しよう！

- 腹直筋（ふくちょくきん） ・腹横筋（ふくおうきん）
- 僧帽筋（そうぼうきん） ・菱形筋（りょうけいきん）
- 多裂筋（たれつきん）

肩甲骨を引き寄せる菱形筋や僧帽筋
を刺激します。同時に背中の深部に
ある多裂筋やお腹の腹直筋も使っ
て、姿勢をキープ。

44

効かせるコツ!

●頭から足先まで一直線を保つ

10〜30秒

上から見ると

Hirose's advice!

お腹にしっかり力を入れて姿勢を
キープしよう

2 お腹に力を入れ 姿勢をキープ

お腹に力を入れたまま、姿勢を30秒キープし
ます。

NG

背中が丸まり、 お腹が持ち上がる

お腹に力が入っていないと、背中が丸
まって、お腹が持ち上がったり落ちて
しまい、効きません。

主な効果

✓ 下腹が凹む

✓ 猫背改善

✓ 肩のこり解消

LEVEL ★★★

縮める動き

お腹で両脚を持ち上げて腹筋力強化

脚上げ腰浮かし

ただ脚を上げるのではなく
お腹で重い両脚を上げることを意識すると、
ふだん使われていないお腹の筋肉が刺激されてペタンコに。

1 あお向けでひざを伸ばして脚を上げる

あお向けになり、両ひざを伸ばして脚を上げます。両手は手のひらを下に向けて、体の横に置きましょう。視線は真上に。

Target Muscle

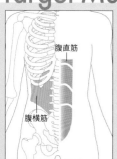

腹直筋

腹横筋

ここの筋肉を意識しよう!

・腹横筋
（ふくおうきん）
・腹直筋
（ふくちょくきん）

両脚を持ち上げるとき、お腹を押さえるコルセットの役割をする腹横筋とお腹正面を覆う腹直筋を刺激。

主な効果

✔ 下腹が凹む

✔ ヒップアップ

✔ 腰の不調予防

効かせるコツ!
━━━━━━━━━
◉お腹の力で脚を上げる
◉お尻は少し浮かせるだけでも
OK

10〜20回

2 お尻を床から浮かせる

お尻を床から少し浮かせるように、両脚をできるだけまっすぐ上に、10〜20回上げましょう。

Level
Up

**ひざを曲げて
お尻を上げる**
2がツラくなければ、ひざを曲げた状態で、10〜20回、お尻を床から少し浮かせます。

全身を伸ばして、縮めて活力アップ

ひじひざタッチ

お腹と背中の筋肉を伸ばして縮めて、一気に血行を促進。
朝行うと体中に血がめぐり、体と頭がスッキリ目覚めます。
お腹と背中全体が刺激されくびれづくりのほか、下腹もペタンコに。

1 両腕、両脚を遠くへ伸ばす

あお向けになり、両腕と両脚を大きく開きます。両腕、両脚をそれぞれ3秒かけてゆっくり、遠くへ伸ばしましょう。

Target Muscle

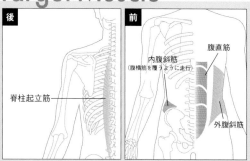

後

前

内腹斜筋
（腹横筋を覆うように走行）

腹直筋

脊柱起立筋

外腹斜筋

ここの筋肉を意識しよう!

・腹直筋
　ふくちょくきん
・内・外腹斜筋
　ない　がいふくしゃきん
・脊柱起立筋
　せきちゅうきりつきん

体を支えるお腹と背中の筋肉を十分に伸ばしてから縮めることで、体幹全体に刺激を与えます。

効かせるコツ!

◉ 両手の先とつま先まで
じっくり伸ばしてから縮める

左右交互に
5回

Hirose's advice!

お腹に力を入れて、
ひじとひざを近づけよう

2 左ひじと右ひざを近づける

お腹に力を入れながら、1、2、3と数えて、
左ひじと右ひざを近づけます。反対側も同様
に。左右交互に5回行いましょう。

つま先まで伸ばす
指先の小さな筋肉ま
で伸ばすように、つ
ま先まで十分に伸ば
しましょう。

主な効果

✓ **下腹が凹む**

✓ **ウエストの
くびれ**

✓ **血流促進**

お腹まわりをしっかり鍛える

ひじ立て片腕上げ

さまざまな動作の安定には体幹、
特にお腹まわりの筋肉の力が欠かせません。
お腹と背中を同時に鍛えて、体幹力全体を底上げします。

1 ひじで体を持ち上げる

うつぶせになり、肩の下にひじを置きます。お腹に力を入れながら体を持ち上げ、つま先を立て、ひじで体を支えましょう。頭から足先までが一直線になるようにキープします。

Target Muscle

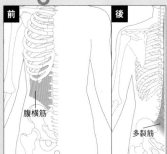

前　後

腹横筋

多裂筋

ここの筋肉を
意識しよう!

- **腹横筋**
  (ふくおうきん)
- **多裂筋**
  (たれつきん)

腕を前に伸ばしたときにお腹の腹横筋、背中の多裂筋に力が入ると、体がぐらつかずキープできます。

主な効果

✓ 姿勢改善

✓ 腰の不調予防

✓ お腹の
引き締め

効かせるコツ!

● 頭から足先まで一直線に

● 肩甲骨を背骨に寄せる

● 腰を反ったり丸めたりしない

10〜30秒 キープ × 左右各1回

2 片腕を前に伸ばしてキープ

1の体勢をキープしたまま、片腕を前にまっすぐに伸ばしましょう。指先からかかとまでが一直線になったら10〜30秒キープ。1の姿勢に戻り、反対側も同様に。

ここに効く

Hirose's advice!

手先からかかとまで一直線

very easy

手を持ち上げるのがツラければ片脚を上げるだけでも。

N G

骨盤の位置が傾く
骨盤の向きを床と水平にキープできていないと、骨盤を支える、お腹の筋肉が使われません。

腰が傾くのはダメ

縮んだ股関節をやわらかく

片ひざ立ち骨盤押し出し

LEVEL ★★★

股関節まわりの筋肉を伸ばすエクササイズで、
上半身と下半身をつなぐ腸腰筋をストレッチ。
床についた脚側の下腹から太ももの前側が伸びているのを意識します。

伸ばす動き

1 片ひざをついて 片腕は上に

片ひざをついて立ち、立て
たひざと反対の腕をまっす
ぐ頭上に上げます。

Target Muscle

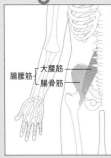

腸腰筋

大腰筋
腸骨筋

ここの筋肉を意識しよう!

・**腸腰筋**
ちょうようきん

大腰筋と腸骨筋はまとめて腸腰筋と
だいようきん ちょうこつきん
呼ばれます。骨盤と太ももの骨を結
ぶここをやわらかくして、上半身と
下半身の連動性をアップ。

主な効果

✓ 美姿勢に

✓ 太ももやせ

効かせるコツ!

● 骨盤を押し出すように前へ

● 腕をまっすぐ上に伸ばす

Hirose's advice!
手は耳の横に

2 手を上げたまま 腰を前に移動

骨盤を押し出すように腰を
前に移動させます。後ろの
股関節が伸びたら20〜30秒
キープ。反対側も同様に。

20〜30秒
キープ
×
左右各1回

ここをストレッチ

NG

腕の位置が斜め前になる
腕をまっすぐ上げないと、
骨盤が持ち上がらず、筋肉
への刺激が半減。

腹筋を奥からひねって腹ペタとくびれを狙える
ウエストしぼり

骨盤をできるだけ動かさずに軸にして、上体だけをひねる動きです。
ウエストまわりの筋肉を使い、お腹深部の筋肉を伸ばして、
縮めて、くびれと腹ペタが同時に叶います。

伸ばす動き

1 片ひざを床につき 両腕を真横に開く

右脚を一歩前に出してひざ
を直角に曲げ、左ひざとつ
ま先を床につけます。両腕
は肩の高さで真横に広げま
しょう。

Target Muscle

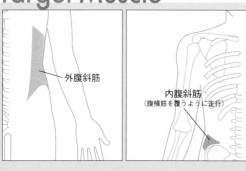

外腹斜筋

内腹斜筋
（腹横筋を覆うように走行）

ここの筋肉を意識しよう!

・内腹斜筋
　ないふくしゃきん
・外腹斜筋
　がいふくしゃきん

くびれをつくるのは、お腹を斜めに
走る、内腹斜筋と外腹斜筋。ふだん
はあまり使わない筋肉なので、意識
して動かしましょう。

効かせるコツ!

● できるだけ骨盤を動かさずに、
上体をひねる

2 下半身を固定して上体だけをひねる

下半身は動かさないように意識し、視線を後ろに向け、腰を左にひねって5秒キープ。1に戻ったら右にひねって5秒キープ。左右交互に5〜10回。脚を左右入れ替えて同様に。

Hirose's advice!

ぞうきんをしぼるようなイメージでウエストをひねろう

5秒
キープ
×
左右交互に
5〜10回

OK

骨盤はできるだけ固定してわき腹に効かせる
骨盤はできるだけ前に向けたまま動かさないようにすると、よりわき腹が伸びます。

主な効果
- ✓ 下腹が凹む
- ✓ ウエストのくびれ
- ✓ 便秘解消

弱った腹筋をしっかり動かす

腹凹呼吸腹筋

お腹を凹ませたりふくらませたりしながら
腹式呼吸を行う"ドローイン"と呼ばれるトレーニング。
お腹太り解消の必殺技です。立って行うと全体に刺激が入ります。

10回

ZOOM
UP

吸う

1 お腹をふくらませながら 息を吸う

脚を腰幅に開き、3〜5秒かけて鼻から
息をゆっくりと吸い込みます。このと
き、お腹をできるだけふくらませるよう
に意識して。

効かせるコツ!

● 姿勢はまっすぐをキープ

● お腹を全力で凹ませて
　息を吐く

ZOOM
UP

吐く

ここに効く

2　お腹を凹ませながら
息を吐く

3～5秒かけて、口からゆっくりと息を
吐き出します。グッとお腹を凹ませて、
息を吐ききりましょう。1、2を10回くり
返します。

Target Muscle

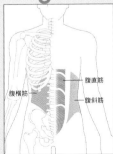

腹直筋

腹横筋

腹斜筋

ここの筋肉を意識しよう!

・腹直筋・腹斜筋
　（ふくちょくきん）（ふくしゃきん）
・腹横筋
　（ふくおうきん）

お腹を覆う腹横筋を中心に、腹斜
筋、腹直筋などお腹の筋肉全体を刺
激。腹圧を高めて便秘対策にも!

主な効果

✓ 下腹が凹む

✓ 美姿勢に

✓ バストアップ

✓ 便秘解消

前ももから下腹まで幅広く筋肉を刺激

片脚上げ下げ

LEVEL ★★★

お腹から脚が出ているイメージで脚を上げ下げすると、
下腹の筋肉と前ももの大きな筋肉を効率よく使えます。
下腹を引き締め、太ももの引き締めにも。

縮める動き

1 片ひざを曲げ、反対脚は伸ばして座る

両脚を伸ばして座り、両手はお尻の後ろに
つきます。片脚のひざを曲げ、反対の脚は
前に伸ばしたまま、かかとを突き出しま
しょう。背中が丸まらないように、注意。

Target Muscle

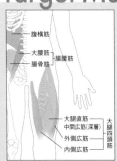

腹横筋
大腰筋
腸骨筋
腸腰筋
大腿直筋
中間広筋(深層)
外側広筋
内側広筋
大腿四頭筋

ここの筋肉を意識しよう!

・腹横筋（ふくおうきん）　・腸腰筋（ちょうようきん）
・大腿四頭筋（だいたいしとうきん）

お腹に力を入れて脚を引き上げると
きに腹横筋を、同時に太ももの大腿
四頭筋と腸腰筋も刺激します。

主な効果

- ☑ 下腹が凹む
- ☑ 太ももの引き締め
- ☑ 脚の疲れを改善

58

効かせるコツ!

● かかとを突き出して脚を伸ば
し、お腹から脚を持ち上げよう

左右
各 **10～20** 回

2 ゆっくりと脚を持ち上げる

お腹から脚を持ち上げるようなイメージで、伸ばし
た片脚を3秒かけて持ち上げます。3秒かけて脚を
下ろし、1に戻ります。これを1セットとし、10～20
回くり返します。反対側も同様に。

ここに効く

背中が丸まる
のはダメ

NG

背中が丸まる
背中が丸まるのは体幹の筋
肉が使われていないから。お
腹に力を入れ、背すじを伸
ばしましょう。

体幹全体をほぐして深呼吸

体側伸ばし

縮みがちな体側の筋肉を伸ばします。
背中まわりの筋肉もほぐすので、呼吸が深くなり、
肩こりや腕の疲れもラクに。

1

肩幅に足を開き
反対の手で手首をつかむ

肩幅に足を開いて立ち、右手で左手首
をつかみます。肩は上に持ち上がらな
いように、リラックスしましょう。

Target Muscle

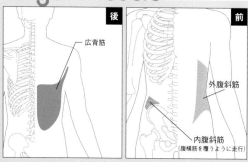

後　広背筋

前　外腹斜筋

内腹斜筋
(腹横筋を覆うように走行)

ここの筋肉を意識しよう!

・内・外腹斜筋
　ない　がいふくしゃきん
・広背筋
　こうはいきん

体側を伸ばすことで、背中の大きな
筋肉・広背筋、お腹を斜めに走る腹
斜筋も刺激して、美姿勢に。

効かせるコツ!

● 伸ばすほうの脚に
体重をのせる

5秒
キープ
×
左右交互に
5〜10回

2 体を右横に倒して 左の体側を伸ばす

右手で左腕を引っ張り、息を吐きなが
ら体を右真横に倒します。左腰を押し
出すようにして体側を伸ばして5秒
キープ。1に戻り、反対側も同様に。
左右交互に5〜10回。

Hirose's advice!

上体を倒しながら息を吐き、
伸びを感じよう

NG

腕を上に引くだけでは伸びない

腕を引っ張っただけでは、体側の筋
肉は伸びません。倒した側と反対の
腰を横に押し出すようにすると、よ
く伸びます。

主な効果

✓ ウエストの
くびれ

✓ 下腹が凹む

✓ 肩のこり解消

大きくひねって左右の偏りを取る

ひねりランジ

左右交互にひねってみると、どちらかひねりづらい
ほうがあるはず。そのバランスを整えることで、
動きやすく疲れにくい体に！

LEVEL ★★★

縮める動き

1 両手を組んで肩の高さに

両脚をそろえて立ち、両手の指を組
み、両腕は肩の高さに上げます。体
の軸がまっすぐに保たれていること
を意識しましょう。

Target Muscle

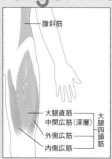

腹斜筋

大腿直筋
中間広筋（深層）
外側広筋
内側広筋

大腿四頭筋

ここの筋肉を意識しよう！

・**腹斜筋**
　ふくしゃきん

・**大腿四頭筋**
　だいたいしとうきん

ひざを曲げたときに太ももの前側、
大腿四頭筋を使い、上体をひねった
ときに腹斜筋に力が入ります。

主な効果

✓ ウエストの
　くびれ

✓ 太ももの
　引き締め

✓ 左右のゆがみ
　解消

効かせるコツ!

● 上体はまっすぐ保ったまま
● 大きく1歩前に踏み出す

左右交互に
10 回

2 脚を前に踏み出し 上体をひねる

片脚を1歩前に踏み出し、ひざを
曲げて腰を深く落とします。上体
を腰からひねり、前の足で床を蹴
るようにして、1の姿勢に戻りま
す。反対の脚も同様に。これを1
セットとし、10回くり返します。

ここに効く

横から
見ると

体が傾くのはNG

✕ NG

上体が傾く
上体を大きくひねったとき
に、体が傾かないように注
意しましょう。

わき腹のぜい肉を取り除く

へそ見ひねり腹筋

LEVEL ★★★

ふだんの生活では使うことの少ない、
わき腹の筋肉を鍛えて、ウエストのくびれを復活!
わき腹の筋肉を縮めるイメージで行って。

縮める動き

1 あお向けに寝て、両腕は斜め前方に伸ばす

あお向けになり、両ひざを軽く曲げ、ひざは腰幅に開きます。両腕は太もものほうに向けてまっすぐ伸ばし、両手を軽く重ね合わせましょう。

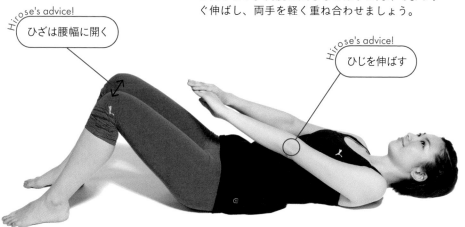

Hirose's advice!
ひざは腰幅に開く

Hirose's advice!
ひじを伸ばす

Target Muscle

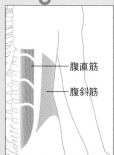

腹直筋

腹斜筋

ここの筋肉を意識しよう!

・**腹直筋**
　ふくちょくきん

・**腹斜筋**
　ふくしゃきん

お腹を縮めながらひねるときに、腹直筋と腹斜筋を同時に使って、お腹のぜい肉を取り除きます。

主な効果

✔ **ウエストのくびれ**

✔ **下腹が凹む**

効かせるコツ!

●**わき腹の筋肉を縮めながら
上体を起こす**

左右交互に
10〜20回

2 わき腹をひねり上半身を起こす

わき腹をひねりながら3秒かけてゆっくりと上半身を斜めに起こします。このとき、おへそを見るように意識しながら上体を起こしましょう。3秒かけて1に戻り、反対側に斜めに起き上がります。これを1セットとして、10〜20回行いましょう。

ここに効く

ここに効く

Level Up

**できる人は手がお尻の横にくるくらい
大きく体をひねり上体を起こす**

2までの動きがツラくないようなら、両手がお尻の横にくるくらい上体をひねって起こします。3秒かけて1の体勢まで戻します。反対側も同様に行い、2と同じ回数を行います。

くびれづくりと下腹のぜい肉を一気にオフ

V字ひねり腹筋

お腹の筋肉を総動員して体をギュッと縮めて、
ウエストのくびれとペタンコ下腹を同時につくれば、
ぜい肉のない美腹に！

1 横向きに寝て、体を一直線に伸ばす

横向きに寝て、両腕、両脚をまっすぐに伸ばします。1本の棒になったようなイメージで体を伸ばしましょう。両手は軽く重ねます。

Target Muscle

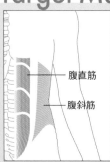

腹直筋

腹斜筋

ここの筋肉を意識しよう！

- **腹直筋**
  ふくちょくきん
- **腹斜筋**
  ふくしゃきん

体を「V」の字に曲げるときにお腹中央の腹直筋を、ひねるときに、お腹を斜めに走る腹斜筋を使います。

主な効果

- ✓ ウエストのくびれ
- ✓ 下腹が凹む

効かせるコツ!

● 体を起こしながらしっかり
　ひねる

左右交互に
10〜20回

2 上体を起こしてV字にひねる

体を斜めにひねりながら上体を起こし、同時にひざを曲げて胸に引き寄せます。3秒かけて体を起こし、3秒かけて1の姿勢に戻りましょう。左右交互を1セットとし、10〜20回くり返して。

ここに効く

very easy

体を無理にひねると腰や腹筋を痛めてしまうので注意。

ひねられるところまででOK

NG

上体をひねっていない
体を起こすだけで体をひねっていないので、わき腹の筋肉に効いていません。

バランスが崩れてひねられていない

横腹を刺激してくびれを美しく

横向き体起こし

体の側面からお尻の側面の筋肉を使うことで、
わき全体を引き締めて、はみ出たぜい肉を撃退、
メリハリのあるくびれをつくります。小尻効果も!

LEVEL ★★★

縮める動き

1 横向きになり片手で体を支える

横向きに寝て、足をクロスさせます。肩の下に手をついたら、体を持ち上げて片手で支えます。反対側の手は腰に。

Hirose's advice!
足をクロスする

Hirose's advice!
片手で体を支える

Target Muscle

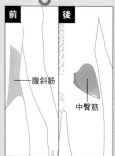

前　後

腹斜筋

中臀筋

ここの筋肉を意識しよう!

・中臀筋
ちゅうでんきん
・腹斜筋
ふくしゃきん

お腹を斜めに走る腹斜筋、お尻の側面にある中臀筋を同時に使って、体の側面のぜい肉を落とします。

主な効果

✓ ウエストのくびれ

✓ 下腹が凹む

✓ ブラのハミ肉解消

効かせるコツ！

● 手で床を押して体を
　斜め一直線に

左右
各 **10～20** 回

2 脚から頭が一直線になるよう腰を持ち上げる

つま先から肩が一直線になるように体を持ち上げます。3秒かけて上げ、3秒で1の体勢に戻します。これを10～20回くり返します。反対側も同様に。

ここに効く

very easy

2の姿勢がツラい人は、ひじをついて行いましょう。

NG

上体が前に倒れる
上体が傾き、肩が前に倒れてしまうのはNG。骨盤と背骨がまっすぐになるよう意識しましょう。

ひじをついて行う

腰がひねられて肩が前に倒れる

PART2

お尻・脚

体幹の筋肉が使えると 美脚＆美尻に

脚やお尻の筋肉だけを鍛えても、下半身は美しくなりません。例えば、物をひろうときは、背中、お腹の筋肉を使い、股関節とひざを曲げることで脚の表裏の筋肉を連動して使っています。これと同じように、脚やせが目的でも、常にお腹に力を入れ、体幹を意識しながらトレーニングを行うことが部分やせの近道です。

体幹の動きに脚やお尻の筋肉を連動させることで、太ももとお尻の境目を持ち上げます。また、お尻や脚の筋肉の使い方に偏りがあると脚がゆがむ原因に。お尻と脚の筋肉をバランスよく整えて美脚を目指しましょう。

❶体幹＆お尻の筋肉を連動させればまっすぐ脚に

美脚の人は、体幹やお尻の奥の筋肉が使えている状態です。歩くときにはお尻から歩くようなイメージでお尻の筋肉を使って歩き、立つときには内もものの筋肉に力を入れて立つようにすると、脚がまっすぐな美脚に近づきます。

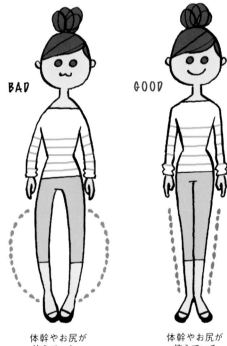

BAD

GOOD

体幹やお尻が
使えていない

体幹やお尻が
使えている

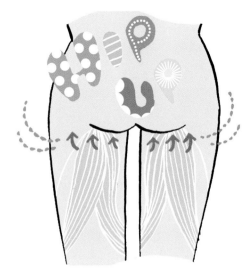

❷ハムストリングスがお尻を持ち上げる

太ももの裏側にある大きな筋肉群がハムストリングス。ここが弱ると垂れてきたお尻のぜい肉を支えられずにお尻なだれが起きます。ハムストリングスを鍛えれば、防波堤のようにお尻の脂肪をせきとめてから持ち上げ、美しいヒップラインに。

こりがちなお尻の筋肉をほぐす

片ひざ抱え胸タッチ

LEVEL ★★★

座った姿勢が続くとお尻の筋肉が縮んだまま
ストレッチされず、疲れがたまります。
お尻の筋肉を伸ばしてお尻のこりがほぐされるとヒップアップにも。

伸ばす動き

1 脚を組んで座り背すじを伸ばす

床に座り、左脚を右脚にかけ、右手をひざの上に。左手は床について体を支えます。

Target Muscle

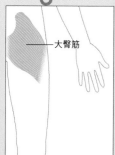

———大臀筋

ここの筋肉を意識しよう!

・大臀筋
だいでんきん

ひざを胸に引き寄せるとお尻を覆う大臀筋が伸ばされます。ここをほぐすと美脚ラインに。

主な効果

- ✔ ヒップアップ
- ✔ お尻のこり解消
- ✔ 下半身の
  むくみオフ

効かせるコツ!

● 脚のつけ根をお尻に近づけ、
　自然な呼吸をくり返す

20～30秒
キープ
×
左右各1回

2 脚を胸に引き寄せる

ひざに添えた手で脚を胸に引き寄せ、お尻が伸びたところで20～30秒キープ。脚のつけ根とお尻を意識。反対側も同様に。

Hirose's advice!

脚を胸に近づける

ここをストレッチ

NG

ひざを引き寄せるとき腰をひねってしまう
ひざを引き寄せようとして、腰をひねってしまうとお尻が伸びません。

ここがNG

お尻表面の筋肉をほぐして脚をまっすぐに

ひねりお尻伸ばし

立ち方や歩き方のクセで硬くなった筋肉に引っ張られると、
下半身が外に広がって太く見えます。
お尻や太ももの外側の筋肉をゆるめて、下半身スッキリ。

LEVEL ★★★

伸ばす動き

2 のせた右脚に胸を近づける

胸を張ったまま、のせた右脚に胸を近づけてお尻の筋肉が伸びているのを感じながら20～30秒キープ。

1 床に座り右の足首を左ももにかける

床に座って両ひざを立て、両手を後ろに置きます。次に右の足首を左ももにかけます。

Target Muscle

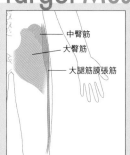

中臀筋
大臀筋
大腿筋膜張筋

ここの筋肉を意識しよう!

・**大臀筋**（だいでんきん）
・**中臀筋**（ちゅうでんきん）
・**大腿筋膜張筋**（だいたいきんまくちょうきん）

胸を引き寄せたところでお尻の大きな筋肉・大臀筋が、ひざを倒して体を少しひねったところで中臀筋と大腿筋膜張筋が伸ばされます。

主な効果

☑ ヒップアップ

☑ お尻のこり解消

☑ 太ももの
引き締め

74

効かせるコツ！

● 太ももからお尻側面が十分に
　伸びているのを感じよう

3 左ひざを外側に倒して
右ひざを両手で抱える

左ひざを外側に倒し、右足をその外側に置きます。右ひざを両手で抱え、上体に近づけて腰をひねり、お尻が伸びたところで20〜30秒キープ。1〜3を反対側も同様に。

Hirose's advice!

背すじを伸ばしたまま腰を
ひねるように意識しよう

20〜30秒
キープ
✕
左右各1回

OK

**お尻側面を
じっくり伸ばす**
腰をひねったときにはお尻の側面が十分に伸びているのを感じましょう。

お尻の奥の筋肉を伸ばして中心軸をしっかりと
逆ハードルストレッチ

お尻側面の奥にある小臀筋と内ももの内転筋群を伸ばし、
下半身の血行を一気に促進して、むくみを改善。
全身に血液がめぐり、質のいい睡眠も得られます。

LEVEL ★★★

伸ばす動き

1 前の脚のひざを曲げ 反対の脚は後ろに伸ばす

床に座り、前の脚のひざを90度に曲げて、胸と平行に置き、反対の脚はまっすぐ後ろに伸ばします。両手は体の前に置きましょう。

Target Muscle

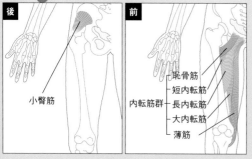

後　小臀筋

前　恥骨筋
　　短内転筋
内転筋群　長内転筋
　　大内転筋
　　薄筋

ここの筋肉を意識しよう！

・内転筋群 (ないてんきんぐん)
・小臀筋 (しょうでんきん)

骨盤の後方の側面から太ももの骨へと伸びる、お尻の奥の筋肉と太ももの内側の筋肉をストレッチ。ふだんの生活ではあまり使われないので硬くなりやすい筋肉です。

76

効かせるコツ!

● 背すじを伸ばしたままで
倒せるところまで倒す

20〜30秒 キープ

×

左右各1回

Hirose's advice!

できるだけ胸をひざに
つけるようにしよう

2 背すじを伸ばしたまま 上体を前に倒す

背すじを伸ばしたまま、上体を前
に倒し、両ひじを床につけて20
〜30秒キープ。反対側も同様に。

OK

体を深く倒さなくてもOK
背すじを丸めて頭を床につけようとせず、背
すじを伸ばした状態で倒せるところまででも
OK。お尻が伸びていることを感じましょう。

主な効果

✓ ヒップアップ

✓ 下半身の
むくみオフ

✓ 睡眠の質改善

LEVEL ★★★

縮める動き

お尻の筋肉で脚を持ち上げる

うつぶせお尻上げ

お尻と太ももの筋肉を同時に鍛えて、
横に広がったお尻を中央に寄せながら、
太ももからヒップのラインを美しくするエクササイズです。

1 うつぶせになり片脚を曲げる

うつぶせになり両手を重ねて、その上にあごをのせます。片脚のひざを曲げ、反対の脚のつま先を立てます。

Target Muscle

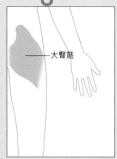

——大臀筋

ここの筋肉を意識しよう！

・大臀筋
（だいでんきん）

お尻の形を決める大きな筋肉・大臀筋を使ってお尻を引き締め！

主な効果

- ✓ ヒップアップ
- ✓ 太ももの引き締め
- ✓ 下半身のむくみオフ

効かせるコツ!

●お尻の筋肉で脚をゆっくり
　上げ下げする意識で

左右
各 **10〜20** 回

2 太ももを引き上げる

ひざを曲げたほうの脚をお尻から持ち
上げるように、3秒かけてゆっくりと
持ち上げ、3秒かけて1の姿勢に戻り
ましょう。これを1セットとし、10〜
20回行って。反対側も同様に。

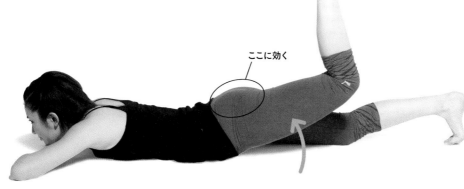

ここに効く

腰をひねるのはダメ

NG

腰をひねりながら上げる
脚を上げるのを意識しすぎ
ると、骨盤がひねられてし
まうので注意。

腰を支える背すじや臀筋と腹筋を刺激

ヒップリフト

腰、お尻、太ももの裏側の体の背面をしっかり刺激して、
引き締まった小尻をつくります。
血行を促進し、気になる腰疲れやだるさもオフ！

LEVEL ★★★

縮める動き

1 両ひざを立てる

あお向けになり、両ひざを立て
て、脚は腰幅に開きます。両手
は体の横に置きましょう。

Target Muscle

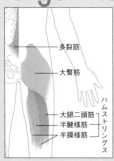

多裂筋
大臀筋
ハムストリングス
大腿二頭筋
半腱様筋
半膜様筋

ここの筋肉を意識しよう！

・多裂筋（たれつきん）　・大臀筋（だいでんきん）
・ハムストリングス

肩からひざまで一直線に伸ばして、
キープすることでお尻の大臀筋、背
骨にある多裂筋、太もも裏のハムス
トリングスを刺激。

主な効果

✓ ヒップアップ

✓ 腰の不調予防

✓ 尿もれ予防

✓ 下腹が凹む

効かせるコツ!

● 肩からひざが一直線に
　なるようにお尻を上げる

10〜30秒
キープ
×
1回

2 お尻を上げてキープ

体を持ち上げ、肩からひざが一直線に
なったら10〜30秒キープします。

ここに効く

腰を反らさ
ないこと

NG

腰を反る
腰を反るほどお尻を上げす
ぎると、腰を痛める危険性
があるので気をつけて。

LEVEL ★★★

縮める動き

弱ったお尻と脚の筋肉を目覚めさせる

壁つきスクワット

体の中でも大きな筋肉である、太ももとお尻の筋肉を刺激して、
下半身を強化、スッキリ引き締めます。
とっさのときに機敏に動ける体をつくり、転倒予防にも。

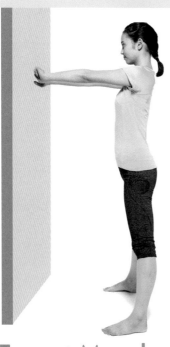

前から
見ると

1 足を肩幅より広めに開いて立ち 組んだ手を胸の前で伸ばす

壁の前で、足を肩幅より広めに開いて立
ち、組んだ手を胸の前で伸ばして壁に両
手をつきます。

Target Muscle

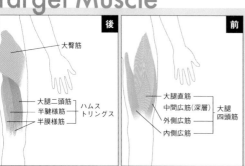

後

大臀筋

大腿二頭筋
半腱様筋　ハムス
半膜様筋　トリングス

前

大腿直筋
中間広筋(深層)　大腿
外側広筋　四頭筋
内側広筋

ここの筋肉を意識しよう!

- 大腿四頭筋
  （だいたいしとうきん）
- 大臀筋
  （だいでんきん）

- ハムストリングス

大きな太ももの筋肉・ハムストリン
グスと大腿四頭筋、お尻表面の筋
肉・大臀筋をじわじわ刺激して、下
半身を強化します。

効かせるコツ!

● お尻を突き出しながら
上体を倒さずにひざを曲げる

10〜20回

Hirose's advice!

腰を落とすときには、できるだけ
ゆっくり行いましょう

前から
見ると

2 お尻を突き出しながら ゆっくりひざを曲げる

お尻を突き出すようにしながら、
1、2、3と数えてゆっくりとひ
ざを曲げ、ゆっくりと1の姿勢に
戻ります。これを10〜20回くり返
しましょう。

NG

体が前に倒れる
背中が丸まり、上体が前に倒
れると、お尻の筋肉に刺激が
届きません。

ひざが内側に入る
ひざが内側に入ると、腰に負
担がかかって痛みが出やすく
なります。

主な効果

✔ ヒップアップ

✔ 太ももの
引き締め

✔ 疲れにくくなる

✔ 転倒予防

太ももとお尻の境目をくっきりと

お尻突き出しスクワット

お尻を突き出す動きでお尻ともも裏が伸縮し、
垂れたお尻のぜい肉を上に持ち上げます。
パンツスタイルの似合う小尻に！

縮める動き

前から
見ると

1 両腕を肩の高さまで 上げる

両脚を肩幅に開いて立ちます。体の軸がまっすぐになるよう意識して背すじを伸ばしましょう。両腕は肩の高さまで上げ、手のひらを下に向けて重ねます。

Target Muscle

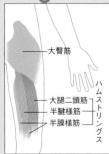

大臀筋

大腿二頭筋
半腱様筋
半膜様筋

ハムストリングス

ここの筋肉を意識しよう！

- **大臀筋**
  だいでんきん
- **ハムストリングス**

お尻を突き出したままひざを曲げて、大臀筋とハムストリングスを刺激。ゆっくりお尻を落とすほど効果がアップします。

主な効果

- ✓ **ヒップアップ**
- ✓ **太ももの 引き締め**
- ✓ **全身の血流 アップ**

効かせるコツ!

●ひざとつま先の向きをそろえ、お尻を突き出す

10〜20回

前から見ると

Hirose's advice!
ひざはつま先より前に出ない

ここにも効く

ここに効く

2 ゆっくりと腰を落とす

腕を前に上げたまま、3秒かけてゆっくりとできるところまで腰を落とします。腰が反ったり、ひざがつま先より前に出ないように気をつけて。3秒かけて1の姿勢に戻り、これを10〜20回くり返します。

NG

ひざが内側に入る
ひざはつま先と同じ向きが基本です。ひざだけ内側に入るのは×。

ひざが内側に入ってしまう

LEVEL ★★★

片脚ずつ使い、お尻と脚の筋肉全体を刺激
片脚ランジ

片脚を上げたときも、脚を下ろして股関節を伸ばしたときも
ふらつかないようにすることで
お尻と脚の筋力をつけて、左右のバランスを整えます。

縮める動き

1 片脚で立ちバランスをとる

両脚を腰幅に開いて立ち、腰に両手を添
えます。ひざが90度になるまで片脚を上
げて、そのままの姿勢で一時静止。体が
まっすぐに保たれているか確認を。

— ここに効く

Target Muscle

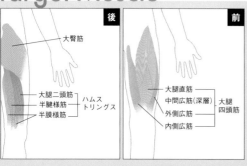

後

大臀筋

大腿二頭筋
半腱様筋   ハムス
半膜様筋   トリングス

前

大腿直筋
中間広筋(深層)   大腿
外側広筋   四頭筋
内側広筋

ここの筋肉を意識しよう!

・大臀筋
だいでんきん

・ハムストリングス

・大腿四頭筋
だいたいしとうきん

股関節を伸ばしたときに、大臀筋と
ハムストリングス、太ももの前側の
大腿四頭筋に効いています。

効かせるコツ!

● 踏み出した脚と反対の股関節
　が伸びているのを感じて

左右
各 **10** 回

ここに効く

ここに効く

2 腰を落として
片脚を前に

腰を落としながら、上げたほう
の脚を前に踏み出します。股関
節が伸びていることを意識。1
の姿勢に戻り、10回くり返しま
す。反対側の脚も同様に。

体が斜めに
なっている

NG

上体が傾く
骨盤を固定して、体の軸を
安定させましょう。

主な効果

✔ 脚の筋力アップ

✔ ヒップアップ

✔ 太ももの
　引き締め

体重を片脚にかけてバランスをとる

サイド片脚スクワット

脚を横に出したときに体を安定させることで、
お尻と脚の筋肉をトレーニング。
同時にお腹の筋肉にも力を入れるとふらつきません。

左右
各 **10** 回

1 片脚で立ち バランスをとる

両脚をそろえて立ち、片脚を上
げたら、バランスをとりましょ
う。腰が前後に傾いていない
か、背すじが伸びているかどう
かをチェックします。

効かせるコツ!

● **お腹にも力を入れて
体幹を安定させよう**

2 片脚を横に伸ばしながら
逆側のひざを曲げる

上げた脚を横に伸ばしながら、
逆側の脚のひざを3秒かけて
ゆっくり曲げ、足首の上に両手
を添えます。1の姿勢に戻り、
反対の脚も同様に。これを1
セットとし、10回行って。

横から
見ると

ここに効く

Target Muscle

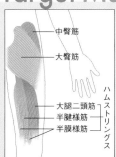

中臀筋
大臀筋
ハムストリングス
大腿二頭筋
半腱様筋
半膜様筋

ここの筋肉を意識しよう!

・中臀筋（ちゅうでんきん）　・大臀筋（だいでんきん）

・ハムストリングス

脚の裏側のハムストリングス、大臀
筋、中臀筋を総動員して、脚を横に
上げながらバランスをとります。

主な効果

✓ バランス感覚
アップ

✓ 脚やせ

✓ ヒップアップ

股関節と太ももの前側の張りを取る

前もも引っ張り

座り姿勢の多い生活をしていると、
慢性的に太ももの前側や股関節まわりの筋肉が硬くなります。
毎日こまめに伸ばせば、むくみにくい体に。

上から
見ると

1 横向きに寝てお尻の後ろで 片手で足首をつかむ

横向きに寝て、上の脚のひざを後ろに曲
げ、お尻の後ろで足首をつかみます。目
線はまっすぐ前に。

Target Muscle

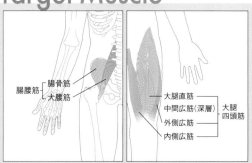

腸腰筋 —
腸骨筋
大腰筋

大腿直筋
中間広筋(深層)
外側広筋
内側広筋
大腿
四頭筋

ここの筋肉を意識しよう!

- **大腿四頭筋**
だいたいしとうきん
- **腸腰筋**
ちょうようきん

骨盤と太ももの骨をつなぐ腸腰筋
は、座り姿勢が多いと硬く縮んでい
ます。ここを伸ばすと脚の血行が
アップして1日中むくみにくく。

効かせるコツ!

◉ 腰の反りすぎに注意して
　脚を引っ張る

20〜30秒
キープ
×
左右
各**1**回

上から
見ると

Hirose's advice!
脚を後ろに引くとき、
お尻にしっかり力を入れよう

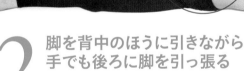

2　脚を背中のほうに引きながら
　　手でも後ろに脚を引っ張る

お尻に力を入れて脚を後ろに引きながら、同時に足首を持った
手をお尻のほうへ引きます。20〜30秒キープ。股関節と太もも
の前側が伸びているのを感じましょう。反対側も同様に。

NG

反りすぎると腰を痛める可能性あり
脚を引っ張ろうとしすぎて、腰を反ってし
まうと腰を痛める可能性もあるので注意!

主な効果
✓ 前ももの張り
　を取る
✓ 下半身の
　むくみオフ
✓ 股関節の
　柔軟性アップ

股関節から前ももを伸ばす
ひざ立ち足つかみ

前側の筋肉をしっかり伸ばして、骨盤まわりのインナーマッスルを刺激。
太ももの前側の張りを取るのに役立ちます。
脚のむくみが気になるときにもおすすめです。

LEVEL ★★★

伸ばす動き

1 右ひざを直角に曲げて前に出し 左ひざは床につける

右脚を1歩前に出してひざを直角に曲げて立ち、左ひざは床につけます。両手は右ひざの上に添え、上体をまっすぐにしましょう。

Target Muscle

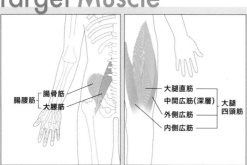

腸腰筋 ── 腸骨筋
　　　　　 大腰筋

大腿直筋
中間広筋(深層)
外側広筋 ── 大腿四頭筋
内側広筋

ここの筋肉を意識しよう!

・**大腿四頭筋**（だいたいしとうきん）
・**腸腰筋**（ちょうようきん）

股関節を曲げるときに働く、股関節を通る腸腰筋と、太ももの前側にある大腿四頭筋の2つの筋肉を同時に伸ばします。

効かせるコツ!

● 骨盤はまっすぐをキープして、
　上体を前に倒さない

20秒キープ ✕ 左右 各1回

2 左足の甲を左手でつかみ かかとをお尻に近づける

左足の甲を左手でつかみ、かかとを
お尻に近づけて太ももの前側が伸び
ているのを感じながら、20秒キープ。
反対側も同様に。

Hirose's advice!

かかとをお尻に引き寄せて、股関
節の奥にある腸腰筋が伸びてい
るのを感じよう

NG

骨盤が前に倒れる
骨盤が前に倒れると、
股関節と太ももの伸び
が悪くなります。

主な効果

✓ 太ももの
　引き締め

✓ 下半身の
　むくみオフ

お尻から太もものラインを美しく

片脚スクワット

太ももとお尻の筋肉をまんべんなく使うエクササイズ。
太ももが引き締まると同時に、
大きい筋肉を刺激することで代謝アップも。

1 イスの背もたれをつかみ 片脚で立つ

イスの横に立ち、背もたれをつかん
で、片脚で立ちます。イスがなけれ
ば、壁に手をついて行っても OK。

横から
見ると

Target Muscle

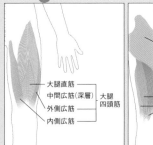

大腿直筋
中間広筋（深層）
外側広筋
内側広筋
　　　大腿四頭筋

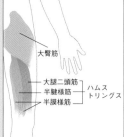

大臀筋
大腿二頭筋
半腱様筋
半膜様筋
　　　ハムストリングス

ここの筋肉を意識しよう！

・大臀筋
　（だいでんきん）
・大腿四頭筋
　（だいたいしとうきん）

・ハムストリングス

お尻の大きな筋肉・大臀筋、太もも
の前側・大腿四頭筋、太ももの後ろ
側・ハムストリングスをまんべんな
く刺激します。

効かせるコツ!

● ひざが前に出すぎないように、
お尻を突き出す

左右
各 10 回

Hirose's advice!

ひざをゆっくり曲げてお尻に
力が入るのを感じよう

2 3〜5秒かけてひざを曲げる

3〜5秒かけてお尻を突き出すように、
ゆっくりとひざを曲げ、3〜5秒かけて
1の姿勢に戻ります。これを10回くり返
したら、反対側も同様に。

横から
見ると

NG

つま先よりひざが前に出る
ひざを曲げるときに、つま先よりひ
ざが前に出てしまうと、お尻と太も
も裏の筋肉が使えていません。

主な効果

✔ 太もも引き締め

✔ ヒップアップ

✔ 脚のむくみ取り

脚を強化してゆがみのトラブルを解消
大また踏み出し

まっすぐ立ったときに目立つ脚のゆがみ。
ひざや股関節に負担がかかり、痛みなどのトラブルが起こることも。
骨盤や股関節まわりの筋肉をほぐして、ケアしましょう。

1 左ひざを両手で抱え 右脚で立つ

左ひざを曲げて高く上げ、両手でそのひざを抱えて引き寄せ、右脚で立ったら2〜3秒キープ。できる人はつま先立ちでキープしましょう。

準備のポーズ

両足を肩幅に開いて立ち、両腕は肩の力を抜いて、体の横に垂らします。

Target Muscle

後
大臀筋
大腿二頭筋
半腱様筋 } ハムストリングス
半膜様筋

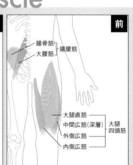

前
腸骨筋
大腰筋 } 腸腰筋
大腿直筋
中間広筋（深層）
外側広筋 } 大腿四頭筋
内側広筋

ここの筋肉を意識しよう！

- **大腿四頭筋**（だいたいしとうきん）
- **腸腰筋**（ちょうようきん） **大臀筋**（だいでんきん）
- **ハムストリングス**

ひざを抱えて引き寄せたとき、お尻の筋肉をストレッチ。脚を前に踏み出したとき、後ろ脚の股関節と太もも前側、前の脚の裏側が伸びます。

効かせるコツ!

● お尻と前ももに力を入れて
　お尻から脚を持ち上げる

● 上体を倒さずにキープ

2〜3秒
キープ
×
左右各
5〜10セット

Hirose's advice!

体の中心を意識して行えば、
バランス感覚も養えます

2 脚を1歩踏み出して
ひざを深く曲げる

曲げた左脚を大きく前に踏み出して、深
くひざを曲げ、体重を前の脚にのせて、
後ろ脚の股関節まわりと太ももの前側を
伸ばして2〜3秒キープ。1、2を5〜10
回くり返したら、反対側も同様に。

OK

お尻から脚を持ち上げる
お尻から脚を持ち上げるイ
メージでひざを高く上げて、
両手で引き寄せましょう。

主な効果

✓ 太ももの
　引き締め

✓ 美脚ラインに

✓ 骨盤のゆがみ
　改善

縮みがちな太ももの裏側をじんわり伸ばす

両脚裏もも伸ばし

太ももは体の中でも大きな筋肉。ここをほぐして筋肉の動きをよくすると、
歩くのがラクになり活動量が増えます。
代謝が上がって、やせやすい体に！

1 足首をつかんで 腰から上体を倒す

両脚を伸ばして床に座ります。
ひざを曲げて両手で足首をつか
み、太ももに胸がつくように腰
から上体を前に倒しましょう。

Target Muscle

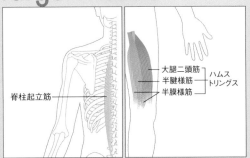

大腿二頭筋
半腱様筋 } ハムス
半膜様筋 } トリングス

脊柱起立筋

ここの筋肉を意識しよう！

・ハムストリングス
・脊柱起立筋
せきちゅうきりつきん

太ももの裏側にある大きな筋肉。日
常の生活では縮んでいることが多い
ので、朝1番のストレッチで伸ばす
習慣をつけましょう！

効かせるコツ!

● **ひざは無理に伸ばそうとせず
痛気持ちいいところまで伸ばす**

できる人はand more

ひざを
伸ばしきってもOK

太ももの裏側がやわらかい人
は、ひざをまっすぐ伸ばしき
ることができるはず。そうい
う人は頭を脚に近づけてみま
しょう。

**痛気持ちいい
ところでキープ**

✕

5〜10回

Hirose's advice!

前ももを縮めるように意識しな
がらひざを床に近づけよう

2 体を前に倒したままかかとを前に押し出す

体を前に倒したまま、太ももの前側の筋肉を縮めるようなイ
メージでひざを伸ばし、かかとを前にすべらせます。もも裏
がピリピリするところまでいったらキープ。いったん、かか
とを1のところに戻し、5〜10回くり返します。

OK

もも裏が
ピリピリ感じてきたら
そこでキープ

ひざが伸びきらなくて
も、太ももの裏側が痛気
持ちいいと感じたら、そ
こでキープ。

主な効果

- ✔ 太ももの
  引き締め
- ✔ 代謝アップ
- ✔ 脚の疲れを
  改善

同じ姿勢で固まった脚裏面の筋肉をほぐす

イスのせ裏面伸ばし

座りっぱなしの生活で歩くことが少ないと太ももの筋肉が衰えます。
そこで太ももの裏側をよく伸ばして、
運動不足の筋肉を動かしやすくしていきましょう。

伸ばす動き

1 片方のかかとを イスにのせ 両手で足首をつかむ

イスから1歩離れて立ち、右脚
のかかとをイスにのせます。後
ろの左脚を伸ばして立ち、右足
首を両手でつかみます。

Target Muscle

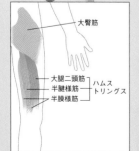

大臀筋

大腿二頭筋
半腱様筋　ハムス
半膜様筋　トリングス

ここの筋肉を意識しよう!

- **大臀筋**
  だいでんきん
- **ハムストリングス**

太ももの裏側のハムストリングス、
お尻の大きな筋肉・大臀筋を意識し
ます。ここの可動域が広がると腰痛
予防に。

主な効果

- ✓ **太ももの引き締め**
- ✓ **腰の不調予防**
- ✓ **脚のむくみオフ**

100

効かせるコツ!

◉前のひざを伸ばすときは
息を吐きながらじっくりと

左右
各**5〜10**回

2 骨盤を引いてひざを伸ばす

骨盤を後ろに引いて、前のひざをゆっ
くり伸ばしたら次に骨盤を前に出すよ
うにしながらひざを曲げて1に戻る、
を5〜10回くり返します。反対側も同
様に。

Hirose's advice!

骨盤を押したり引
いたりするイメージ
で行って

脚をあらゆる方向にほぐす

脚ぶらぶら

脚をつけ根から前後に動かして、股関節の動きを活性化。
できるだけ大きく動かしてほぐせば、脚のケガ予防になります。

LEVEL ★★★

伸ばす動き

1 脚をつけ根から前に振り上げる

イスの背を右手で持ち、横に立ちます。左脚をつけ根から大きく前に振り上げましょう。

Target Muscle

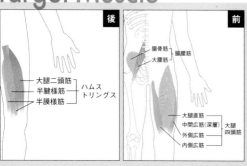

後
大腿二頭筋
半腱様筋
半膜様筋
ハムストリングス

前
腸骨筋
大腰筋
腸腰筋
大腿直筋
中間広筋（深層）
外側広筋
内側広筋
大腿四頭筋

ここの筋肉を意識しよう！

・**大腿四頭筋**（だいたいしとうきん） ・**腸腰筋**（ちょうようきん）

・**ハムストリングス**

脚をつけ根から大きく振ることで、ふだん動かしにくい股関節まわりの筋肉を上手に動かせるようになり、同時に太ももの筋肉も刺激します。

102

効かせるコツ!

◉ 足首を伸ばして
つま先を前に向け、
前後に脚を振る

左右
各 **10** 回

2 脚をつけ根から
後ろに振り上げる

次に左脚をつけ根から大き
く後ろへ振り上げます。前
後に10回振りましょう。反
対側も同様に。

Hirose's advice!

脚に力を入れずに、
前後に大きく脚を
振りましょう

主な効果

✓ 脚のむくみオフ

✓ 脚やせ

✓ 脚のケガ予防

太もも裏とお尻の筋肉を強化

片脚上げヒップリフト

LEVEL ★★★

お尻を床から浮かすと同時に片脚を上げることで、
お腹とお尻の両側で体を支えないと上体がぶれます。
体幹の裏表で脚と体を支えるように意識して！

縮める動き

1 片ひざを立ててあお向けになる

あお向けになり、片ひざを立てます。両腕は
手のひらを下にして、体の横に置きましょ
う。肩の力を抜いてリラックス。

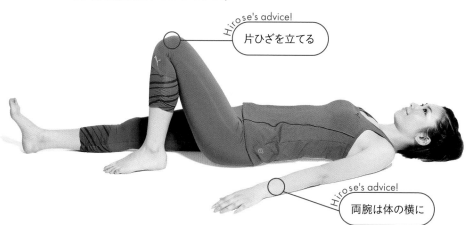

Hirose's advice!
片ひざを立てる

Hirose's advice!
両腕は体の横に

Target Muscle

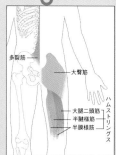

多裂筋

大臀筋

大腿二頭筋
半腱様筋
半膜様筋

ハムストリングス

ここの筋肉を意識しよう！

・多裂筋（たれつきん）　・大臀筋（だいでんきん）

・ハムストリングス

腰まわりの多裂筋から、大臀筋、太
ももの裏側にあるハムストリングス
にかけてを刺激します。ヒップアッ
プや脚やせ効果も。

主な効果

☑ ヒップアップ

☑ 下腹が凹む

☑ 太ももの
引き締め

効かせるコツ!

● **お腹に力を入れ、体が**
　ぐらつかないように注意

10秒
キープ
×
左右各1回

2 お尻を持ち上げて 片脚を上げ10秒キープ

お尻を持ち上げて、伸ばしたほうの脚を肩から足首が一直線になるようにまっすぐに上げたら、10秒キープします。反対側も同様に。

Hirose's advice!

肩から足首まで一直線

ここに効く

very easy

上げる高さを低めにして行う。骨盤を水平に保つことが重要。

NG

腰を反らせ すぎる

腰を反らせると、骨盤が傾いてしまいます。

腰を反りすぎNG

太ももの内側を伸ばして股関節の可動域を広げる

ひざつきまた開き

股関節のゆがみや硬さをとるサポートのために、
太ももの内側の筋肉を伸ばします。太ももを引き締めて、美脚効果も!

准備のポーズ

右脚を1歩前に出し、ひ
ざを直角に曲げ、左ひざ
を床についてつま先を立
てます。両手は前のひざ
の上に。

1 骨盤から上を 90度ひねる

骨盤から上を90度左にひねります。
右手は右ひざの上、左手は体の横に
伸ばします。

Target Muscle

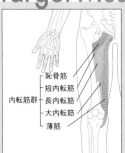

恥骨筋
短内転筋
内転筋群 長内転筋
大内転筋
薄筋

ここの筋肉を意識しよう!

・内転筋群
ないてんきんぐん

骨盤と太ももの内側を結ぶ内転筋群
をほぐして股関節の動きをスムーズ
に。ここが弱いと、座ったときに自
然にひざが開いてしまいます。

主な効果

☑ 太ももの
引き締め

☑ 脚のむくみオフ

効かせるコツ！

● 上体の位置はまっすぐを
　キープして曲げたひざに
　体重をのせる

20〜30秒
キープ
×
左右各1回

Hirose's advice!
内ももの筋肉がストレッチされて
いるのを感じよう

2 立てたひざに体重をのせ 内ももを伸ばす

右ひざに体重をのせて、太ももの内
側が伸びているのを感じたところで
20〜30秒キープ。反対側も同様に。

NG

上体が倒れてしまう
上体が後ろ脚のほうに
倒れてしまうと、内転
筋がよく伸びません。

太もものたるみをスッキリと

内もも伸ばし

内ももがたるんでいると太ももがボッテリ太く見えます。
それを引き締めると脚の間にすき間ができて、
パンツ姿がスッキリ決まる！

1 片ひざは床につけ
反対脚は横に伸ばす

左ひざを床について深く曲げ、
左のつま先を立てます。右脚は
真横に伸ばして、両手はそれぞ
れひざの上に置きましょう。

Target Muscle

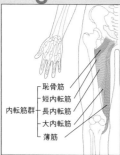

恥骨筋
短内転筋
内転筋群 ─ 長内転筋
大内転筋
薄筋

ここの筋肉を意識しよう！

・内転筋群
ないてんきんぐん

太ももの内側にあるのが内転筋群。
座り姿勢が多いと、ここの筋肉をほ
とんど使う機会がありません。よく
伸ばして内もものたるみ取りを！

主な効果

- ✓ 太ももの
  引き締め
- ✓ 脚のむくみオフ
- ✓ 脚のだるさ改善

効かせるコツ!

● ひざ頭を前に向けたまま
体を倒す

20～30秒
キープ
×
左右
1回

2 上体を右に倒して 右太ももの内側を伸ばす

上体を右横に倒して、右脚の太もも
の内側が伸びたら、20～30秒キープ。
反対脚も同様に。

Hirose's advice!

太ももの内側だけでなく、裏側も
使っているのを感じよう

OK

ひざ頭は正面に向けて
伸ばした脚に体重をのせる
ときに、ひざが上を向かな
いように正面に向けたまま
にするのを意識して。

左右のバランスを強化する
脚振り子

脚を大きく股関節から動かすように、
リズミカルに左右に振ることで、
片脚のバランス力を高めます。

1

片脚を大きく横に
振り上げる

両足を肩幅に開いて立ち、両腕
は肩の高さで横に広げます。右
ひざを曲げ、右脚を股関節から
大きく右横に振り上げましょう。

Target Muscle

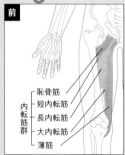

前

恥骨筋
短内転筋
内転筋群
長内転筋
大内転筋
薄筋

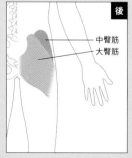

後

中臀筋
大臀筋

ここの筋肉を意識しよう!

- **内転筋群**
  ないてんきんぐん
- **臀筋群（大臀筋・中臀筋）**
  でんきんぐん

脚を広く開くとき内転筋群、閉じる
ときに臀筋群がストレッチされま
す。片脚に体重をのせて動くスポー
ツや、ダンスなどをしている人にも
おすすめ。

効かせるコツ!

● 股関節から脚を
大きく動かす

左右
各 **10** 回

2

股関節から大きく
内側にひざを
振り上げる

右ひざを股関節から左へ振り上
げます。手で勢いをつけながら
1、2を交互に10回くり返しま
す。反対脚も同様に。

主な効果

✓ 内ももの
たるみ取り

✓ 股関節の
柔軟性アップ

✓ 脚のむくみオフ

太ももの側面のたるみを取る

体重横移動

イスに座ったときにひざが開きませんか？
これは太ももの内側・内転筋群が弱っている証。
ここを鍛えると太もものたるみが取れます！

横から見ると

1

両脚を大きく開いて立ち、両腕は肩の高さに

両脚を大きく開いて立ちます。つま先はひざより少し外側に向けましょう。両腕は肩の高さまで上げ、手のひらを下に向けて重ね合わせます。

体の軸をまっすぐにし、前かがみにならないように意識します。

Hirose's advice!
脚は大きく開く

Target Muscle

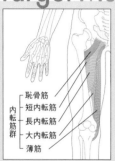

恥骨筋
短内転筋
内転筋群
長内転筋
大内転筋
薄筋

ここの筋肉を意識しよう！

ないてんきんぐん
・内転筋群

太もも内側の内転筋群を意識して鍛えると、たるんだ太ももが引き締まって、脚のラインがまっすぐ美しく！

主な効果

✓ 太ももの引き締め

✓ 脚のむくみオフ

✓ ヒップアップ

効かせるコツ!

◉**お尻を後ろに引きながらひざ を曲げて**

左右交互に
10〜20回

横から
見ると

両腕は肩の高さまで
上がり、顔も正面を
向いています。

ここに効く

2 腰を落としながら片脚に体重を移す

片脚に体重を移動させながら腰をゆっくり落とします。お腹に力を入れて、背すじをまっすぐにキープしましょう。3秒かけて腰を落とし、3秒かけて1の姿勢に戻り、反対側も同様に。これを1セットとし、10〜20回行います。

体が前に
倒れないように
注意

NG ✕

上体が前に 倒れる
骨盤を立てるように意識すれば、体は前に倒れません。

足先の血流をアップする

足先あいうえお

心臓から遠い足先は血行が悪くなり、冷えやすいところ。
オフィスでもおうちでも、ゆっくり足首を回しながら
足で文字を書いて、足先まで温めましょう。

1 片脚を上げて足先で「あ」の字を書く

イスに座り、片脚を持ち上げます。太ももに片手を添えたら、足首を回しながら、つま先で「あ」の字を書きましょう。

ここに効く

Target Muscle

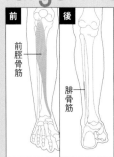

前　後

前脛骨筋

腓骨筋

ここの筋肉を意識しよう!

- **腓骨筋**（ひこつきん）
- **前脛骨筋**（ぜんけいこつきん）

脚を床から浮かせて足首を動かすと、ふくらはぎ側にある腓骨筋やすね側にある脛骨筋群が働いて血行を促進します。

主な効果

- ☑ 足のむくみオフ
- ☑ 足の冷え改善
- ☑ 足首が細く

114

効かせるコツ!

◉ 足首から大きく
動かして字を書こう

左右
各 **10** 回

4 「え」を書く

足首を大きく動かし、「え」
の字を書きます。

2 「い」を書く

次に足首を大きく動かして
「い」を書きます。

5 「お」を書く

「お」を書きます。1〜5を10回
くり返し、反対側も同様に。

3 「う」を書く

つま先をつぼめながら、
「う」の字を書いて。

足首とふくらはぎを引き締めてメリハリ脚

スクワットかかと上げ下げ

LEVEL ★★★

ふくらはぎの一番奥にあるヒラメ筋を使って、ふくらはぎを奥から引き締めます。
足首のくびれもできるので、メリハリのある美脚に。

縮める動き

ZOOM
UP

両ひざはまっすぐ
前を向く。

1 お尻を突き出して腰を落とす

両脚を腰幅に開いて立ち、つま先は正面に
向けます。両手を胸の前でクロスさせ、ひ
ざがつま先より出ないように、お尻を突き
出しながら、軽く腰を落とします。

Target Muscle

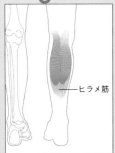

ヒラメ筋

ここの筋肉を意識しよう!

・ヒラメ筋

ふくらはぎの筋肉、腓腹筋（ひふくきん）の下にあ
るのがヒラメ筋。ひざを曲げてかか
とを上げ下げすると、ここに効き
ます。

主な効果

☑ 脚のむくみオフ

☑ ふくらはぎの
引き締め

☑ 脚のだるさ
改善

116

効かせるコツ！

● ひざとつま先の向きをそろえる
● お尻を突き出して背が丸まらないように

10〜20回

2 かかとを上げる

ひざが内側に入らないように気をつけながら、かかとを軽く上げます。このとき、腰が引けて、背中が丸まらないように注意しましょう。姿勢をキープしたままかかとの上げ下げを10〜20回くり返します。

ZOOM UP

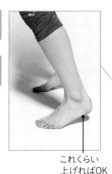

これくらい
上げればOK

ここに効く

ひざが
内側に入る

NG

ひざとつま先の向きが違う
ひざとつま先の向きは同じ。ひざが内側に入らないように注意して。

ふくらはぎ&すねを刺激

つま先かかとアップダウン

立った姿勢でつま先とかかとを交互に上げ下げすると、
血流が促進されて脚が軽くなります。
さらに足首のむくみが取れれば、まっすぐな美脚ラインに。

縮める動き

10〜20回

1 脚を腰幅に開き
つま先を上げる

両脚を腰幅に開いて立
ち、体が前後に傾かない
ように意識しながらつま
先を上げます。

ここに効く

効かせるコツ!

◉ お腹に力を入れて、
  姿勢が崩れないようにキープ

2 かかとを上げる

つま先を下ろしたら、す
ぐにかかとを上げましょ
う。これを1セットと
し、10〜20回行います。

— ここに効く

Target Muscle

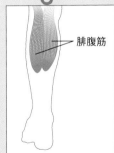

腓腹筋

ここの筋肉を意識しよう!

・腓腹筋
（ひふくきん）

かかとを上げるときにふくらはぎの
筋肉・腓腹筋を、つま先を上げると
きにはすね側の筋肉を使って、脚の
むくみをオフします。

主な効果

✓ 脚のむくみオフ

✓ 足首スッキリ

✓ 脚疲れを改善

PART3

背中・腰・肩・胸

バストアップ、肩のこり腰の不調には上半身上部の筋肉ケアを

日本人は世界の中でも、一日の座り時間がトップクラス。長時間の座り姿勢で、背中は丸まり、胸は縮んで硬くなっています。腰は上体の重みで負担がかかり、肩は巻き肩になり、慢性的な腰の不調や肩のこりに悩んでいる人が少なくありません。

その多くは背中、腰、肩、胸の筋肉が硬すぎたり弱すぎたりしていてアンバランス。バストは垂れ、背中や腰、肩にもぜい肉がつきやすくなります。このような体型の崩れや慢性の肩こり、背中の疲れが気になる人は、背中、腰、肩、胸の体幹レッスンを。上半身がスッキリ、肩のこり腰の不調がラクになるでしょう。

❶筋肉がバストの脂肪を押し上げる

バストは胸の筋肉の上にのった脂肪のかたまりです。胸を開くような姿勢づくりをすれば、筋肉が脂肪を押し上げて、バストアップに！
胸や背中の筋肉を強化すると垂れた脂肪を筋肉がおみこしのように押し上げて、ボリュームアップ。重力に負けないバストを保ってくれます。

❷在宅ワークなど座りっぱなし生活には背中・腰・肩の筋肉をほぐす

長時間の座り姿勢では、腰まわりの筋肉はほとんど使われません。弱った筋肉のまま、腰に無理をかけるような運動をすると、突然ぎっくり腰になってしまうなんてことも。座り姿勢が続く人ほど、腰や背中の体幹レッスンを習慣に！　あわせて、１時間に１度程度は立ち上がって、これから紹介するストレッチを取り入れるのがおすすめです。

全身の血流をアップする

体幹キャット&ドッグ

体幹部の前面と背面の筋肉を交互に伸ばして、全身の血行を促進。
ストレッチの途中で、体がポカポカしてくるのがわかります。

LEVEL ★★★

伸ばす動き

1 お尻を後ろに引き かかとに近づける

よつんばいの姿勢から両手を床につけたま
ま、お尻を後ろに引いてかかとにつけ、肩か
ら背中全体が伸びたのを感じて5秒キープ。

Target Muscle

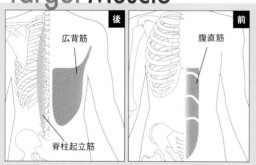

後
広背筋
脊柱起立筋

前
腹直筋

ここの筋肉を意識しよう!

・腹直筋（ふくちょくきん）　・広背筋（こうはいきん）
・脊柱起立筋（せきちゅう きりつきん）

お尻を引いたときに背中の筋肉、お
腹を伸ばしたときにお腹の筋肉を交
互に刺激します。リラックス効果も
あり。

効かせるコツ!

◉背中とお腹の伸びを
感じながら行う

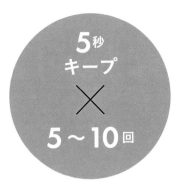

5秒
キープ
×
5〜10回

Hirose's advice!

気持ちがよければ
時間を長めにし、
キープしてもOK

2 上体を起こして お腹の前面を伸ばす

手の位置を変えずに、ひざを伸ばして上体を
起こし、少しあごを上げて、お腹の前面を5
秒伸ばします。1、2を交互に5〜10回くり返
しましょう。

主な効果
✓ 血流の促進
✓ 肩のこり改善
✓ 呼吸を深める

背中や腰の筋肉を強化する
脚腕対角線伸ばし

LEVEL ★★★

おじぎをする、反る、腰を回す動きを、
脊柱起立筋や多裂筋など背骨の筋肉がサポートしています。
背中の筋肉を刺激すると、腰を強化してのこりや張りが取れます。

縮める動き

1 よつんばいの姿勢に

両手は両肩の下につき、両ひざを腰幅に開いて、よつんばいの姿勢になります。

Target Muscle

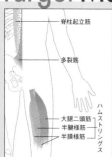

脊柱起立筋
多裂筋
ハムストリングス
大腿二頭筋
半腱様筋
半膜様筋

ここの筋肉を意識しよう！

・脊柱起立筋
（せきちゅう き りつきん）

・多裂筋
（た れつきん）

・ハムストリングス

腰を安定させる脊柱起立筋、多裂筋、下から支えるハムストリングスを伸ばして、腰の可動域を広げることができます。

主な効果

✔ 背中スッキリ

✔ 下腹が凹む

✔ 肩のこり改善

効かせるコツ!

●お腹に力を入れて
体幹が安定したら
腕と脚を上げる

very
easy

体がふらつく場合
は、腕を上げるだ
けでもOK。

ここに効く

10〜30秒
キープ
×
左右各1回

2 腕と脚を上げてキープ

右腕と左脚を上げて、手から脚が一直線に
なったら10〜30秒キープ。反対側も同様に。

腰を反らせない

NG

腰を反らせる
手や脚を高く上げすぎて、
腰が反ってしまわないよう
に注意して。

体重を片脚で支えて筋力アップ

片脚飛行機

片脚で自分の体重を支えながら姿勢をキープ。
体重を支える脚と背骨の筋肉を強化して、
ゆがみのない美姿勢に。

LEVEL ★★★

縮める動き

1 片脚と両腕を上げる

両足を腰幅に開いて立ち、両腕は肩と水
平に上げます。片方の脚を持ち上げ、
いったん静止。体が前後左右にぶれてい
ないか、チェックして。

Target Muscle

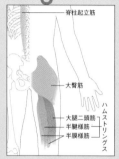

脊柱起立筋

大臀筋

ハムストリングス

大腿二頭筋
半腱様筋
半膜様筋

ここの筋肉を意識しよう！

・脊柱起立筋
（せきちゅうきりつきん）
・大臀筋
（だいでんきん）
・ハムストリングス

バランスをとるときには大臀筋、ハ
ムストリングス、脊柱起立筋も使わ
れています。

主な効果

✓ 太ももの
引き締め

✓ 肩こり予防

✓ 背中の
筋肉強化

2

脚を後ろに伸ばして 上体を倒す

上げた脚を後ろに引きながら、両手を横に広げたまま、ゆっくりと上体を倒し、20〜30秒キープ。お腹に力を入れて、体がぶれないように、バランスをとりましょう。反対側も同様に。

効かせるコツ!

● お腹に力を入れたまま、上体をゆっくり倒して

ここに効く

20〜30秒 キープ
×
左右各1回

NG

体が左右に ぶれる
体といっしょに骨盤も傾いています。効果も半減。

体が傾く

上体だけを傾ける

上体だけを 前に倒す
おじぎのように上体だけを傾けるだけではお腹や背中に効きません。

深部のひねり力を高める

腰左右ひねり

両腕を振り子のように大きく振りながら、腰をひねる力を高めて、
同時に硬くなった腹斜筋や脊柱起立筋をストレッチ。

1 脚を肩幅より広めに開き両腕を横に開く

足を大きく開いて立ち、両腕を肩の位置で真横に開きます。

Target Muscle

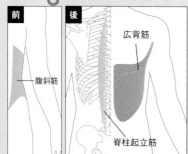

前	後
腹斜筋	広背筋
	脊柱起立筋

ここの筋肉を意識しよう！

・**広背筋**（こうはいきん）　・**腹斜筋**（ふくしゃきん）
・**脊柱起立筋**（せきちゅうきりつきん）

腰をひねるときに背骨の脊柱起立筋を刺激し、肩を後ろに引くことで広背筋を刺激します。

128

効かせるコツ!

● できるところまで
体をひねりましょう

左右交互に
10回

2 手を広げたまま腰をひねりながら上体を倒す

左手が右のつま先にくるくらい腰をゆっくりひねりながら上体を倒します。反対側も同様に。左右交互に10回行ないます。

主な効果

✓ ウエストの
くびれづくり

✓ 背中スッキリ

✓ 腰の不調予防

腸腰筋を伸ばして反り腰タイプの腰痛をケア

上体倒し腰ケア

反り腰姿勢がクセになっている人に、特に行ってほしいのがこのストレッチ。
太ももの前と後ろを刺激して骨盤を正しい位置に導きます。

伸ばす動き

1

前に出した右脚に体重をのせる

前に出した右脚に体重をの
せ、左脚のももの前側、股
関節まわり、お腹が伸びて
いるのを感じて5秒キープ。

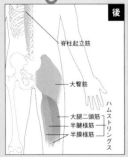

準備のポーズ

左ひざを床につけ、右ひざを
直角に曲げて、両腕を上に上
げます。ひざをついた左脚の
つま先は立てましょう。

Target Muscle

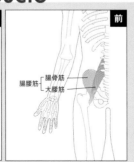

後
脊柱起立筋
大臀筋
大腿二頭筋
半腱様筋
半膜様筋
ハムストリングス

前
腸腰筋
腸骨筋
大腰筋

ここの筋肉を意識しよう!

ちょうようきん
• **腸腰筋**
せきちゅうきりつきん　　　　だいでんきん
• **脊柱起立筋**　• **大臀筋**
• **ハムストリングス**

腰に不調がある人は、骨盤から太も
もの筋肉が硬く、負担が腰に一気に
かかっています。太ももの裏側、股
関節やお尻の筋肉を伸ばして、腰に
かかる負担を分散させます。

130

効かせるコツ!

● お尻とかかとで脚の裏側を
　引っ張り合うようにキープ

5秒
キープ
×
左右
各5〜10セット

2

太ももの裏側を押すように
腰を後ろに移動する

前に出した右脚の太ももの裏側を押すよう
に、腰を後ろに引き、上体を倒します。お尻
を左かかとに近づけて、両手で右足首を持っ
て5秒キープ。1に戻り、これを5〜10回く
り返したら、反対側も同様に。

Hirose's advice!

もも裏の伸びを意
識すると、姿勢の
改善にも!

NG

上体だけ前に倒す

上体を前に倒すのではな
く、太ももの裏側を押すよ
うに腰を後ろに移動させる
ことを意識しましょう。

主な効果

✔ 骨盤のゆがみ
　改善

✔ 美姿勢に

✔ 腰の不調予防

寝ている間に硬くなった腰をやわらかく

ひざ倒し腰ひねり

LEVEL ★★★

腰をひねることで、背骨に沿った脊柱起立筋や
腰まわりの筋肉をゆるめます。
同じ姿勢が続いたときや寝ている間に硬くなった背中をほぐすようなイメージで。

伸ばす動き

準備のポーズ

腕と脚の力を抜いて、
あお向けになります。

1 両ひざを立てて両腕を真横に伸ばす

両ひざを立ててそろえ、両腕を肩の高さで真横に伸ばします。そのとき、両肩をしっかり床につけましょう。

Target Muscle

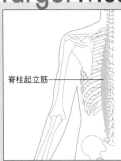

脊柱起立筋

ここの筋肉を意識しよう！

・脊柱起立筋
せきちゅう き りつきん

背骨に沿って走る脊柱起立筋は骨盤
から首へとつながる深層部の筋肉。
背骨の柔軟な動きをサポートして、
1日の活動を活発に。

主な効果

✓ 腰の不調予防

✓ 背中スッキリ

効かせるコツ!

●肩とひざを反対方向に
引き離して腰を伸ばす

5〜10秒
キープ
×
左右交互に
5回

Hirose's advice!

肩が床から離れたら、ひねりを
ゆるめよう

2 ひざを左右に倒して腰をひねる

ひざをそろえたまま、右の床に倒します。両肩が床から
離れないように腰をひねって、5〜10秒キープ。反対側
も同様に行います。左右交互にゆっくりと5回。

NG

肩が床から浮く
腰をひねったとき
に肩が床から浮く
と、脊柱起立筋が
よく伸びません。

OK

肩がついている
肩を床につけたま
ま行うと、腰が大
きくひねられるの
で、より筋肉が伸
びます。

背中をゆるめて自律神経をお休みモードに

片ひざ腰ひねり

背中の大きな筋肉をゆっくりゆるめると、
眠りを左右する副交感神経が優位になります。
寝つきがよくなり深い眠りに。

LEVEL ★★★

伸ばす動き

1 あお向けで両腕を真横に開く

両腕を肩の高さに真横に広げ、両脚はそろえ
て、あお向けになります。肩の力を抜いてリ
ラックス。

Target Muscle

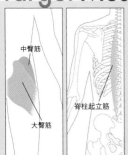

中臀筋

大臀筋

脊柱起立筋

ここの筋肉を意識しよう!

・**脊柱起立筋**
　せきちゅう きりつきん
・**中臀筋**　・**大臀筋**
　ちゅうでんきん　だいでんきん

背骨に沿ってある脊柱起立筋とお尻
にある中臀筋と大臀筋をストレッ
チ。呼吸にあわせて行うと硬くなっ
た筋肉がよりほぐれます。

主な効果

✔ 腰の不調予防

✔ 睡眠の質向上

✔ 背中スッキリ

効かせるコツ！

● わきから腰が伸びたら、
　ゆっくり自然呼吸でキープ

20〜30秒
キープ
×
左右
各1回

Hirose's advice!

ゆっくりと腰をひねって、わきか
ら腰が伸びているのを感じよう

2 左ひざを曲げて右に腰をひねる

肩を床につけたまま、左ひざを曲げて右に大
きく腰をひねり、左ひざを床に近づけます。
顔は左に向けて、ゆっくり呼吸をしながら20
〜30秒キープ。反対側も同様に。

肩が床から浮く
肩が床から浮いてしまうと、腰が十
分にひねれないので、腰から背中が
よく伸びません。

NG

肩が床についている
肩を床につけて腰をひねると、腰か
ら背中が大きくひねられるので、わ
きから背中がよく伸びます。

OK

お尻と太ももの境目をくっきり出す！

胸張りお尻伸ばし

LEVEL ★★★

座り姿勢が続くとお尻や腰がこって筋肉が硬くなります。
それはお尻が垂れる原因のひとつ。
お尻の筋肉を伸ばして、垂れたお尻を引き上げて！

伸ばす動き

1 立てたひざに
反対の脚の足首をのせて座る

ひざを立てて、床に座り、両手を後ろに置きます。左脚の足首を右ひざの上にのせて、すねを両肩と平行にし、胸を張りましょう。

Target Muscle

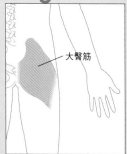

大臀筋

ここの筋肉を意識しよう！

・大臀筋
だいでんきん

骨盤から始まり、太ももの骨の外側につながる、お尻の大きな筋肉が大臀筋。ここを刺激するとプリッと丸いお尻になります。

主な効果

✓ ヒップアップ

✓ 太ももの
引き締め

✓ お尻のこり解消

効かせるコツ!

● 背中は伸ばしたまま、
　胸をひざに引き寄せて

20〜30秒
キープ
×
左右
各**1**回

2 のせた脚に胸を近づける

胸を張った姿勢をキープしたまま、のせ
た脚に胸を近づけてお尻の筋肉が伸びて
いるのを感じながら20〜30秒キープ。反
対側も同様に。

Hirose's advice!

のせた脚は両肩と平行にしたまま
をキープしよう

NG

**背中が丸まると
お尻が伸びない**
背中が丸まったまま下を向く
ように脚に胸を近づけても、
お尻がしっかり伸びません。

腰まわりの筋肉を強化して腰の痛みを軽くする

片手脚伸び縮み

腰とお腹の筋肉を刺激して腰痛を防ぐほか
体幹の筋肉をまんべんなく刺激できるポーズです。
姿勢の改善や背中をスッキリさせるなどいろいろな効果が期待できます。

LEVEL ★★★

縮める動き

準備のポーズ

両手両ひざを床につき、両腕、両ひざを肩幅に開きます。あごを引いてスタンバイ。

1 片腕と対角線上の片脚を上げて3〜5秒キープ

右腕と左脚を伸ばして3〜5秒キープ。このときお腹に力を入れ、指先から、背中、かかとまでが一直線になるように意識して。

Target Muscle

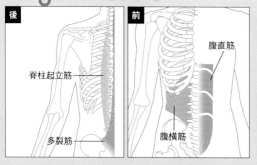

後

脊柱起立筋

多裂筋

前

腹直筋

腹横筋

ここの筋肉を意識しよう!

・腹直筋（ふくちょくきん） ・腹横筋（ふくおうきん）
・脊柱起立筋（せきちゅうきりつきん） ・多裂筋（たれつきん）

背中を走る脊柱起立筋と多裂筋、お腹の腹直筋と腹横筋を刺激。お腹の深部を意識すれば、より体幹の筋肉に効かせられます。

効かせるコツ!

● 背中をまっすぐ保つため、
お腹に力を入れましょう

3〜5秒キープ × 伸び縮み左右 3〜5回

Hirose's advice!

ひじとひざで押し合うようにして
お腹に力を入れます

2 片ひじとひざを へその下で押し合う

右ひじと左ひざを、へその下でつけて押し合
い、3〜5秒キープ。その後1に戻ります。こ
れを3〜5回くり返したら、反対側も同様に。

NG

脚を高く上げすぎる
脚を高く上げすぎると、お
腹が下に落ちて腰に負担が
かかるので注意。

主な効果

✔ 腰の不調予防

✔ 背中スッキリ

✔ バランス強化

LEVEL ★★★

伸ばす動き

固まった肩甲骨まわりをほぐして血流アップ

肩甲骨サークル

肩こりの原因のほとんどは、血液のめぐりが悪くなっているせい。
肩の筋肉をほぐすことで、血流を促進して肩を軽くします。

後ろから見ると

1 肩甲骨を寄せるように肩を後ろに引く

肩甲骨を中央に寄せるように意識して、肩を斜め後ろに大きく引きます。

Target Muscle

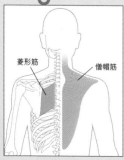

菱形筋　　僧帽筋

ここの筋肉を意識しよう!

・**僧帽筋**
　そうぼうきん
・**菱形筋**
　りょうけいきん

首から肩の大きな筋肉、僧帽筋と肩甲骨についている菱形筋を刺激します。回しやすくなればなるほど肩の血流がよくなったサイン。

主な効果

✔ 肩のこり予防

✔ 背中スッキリ

✔ 巻き肩改善

効かせるコツ!

●肩甲骨を大きく動かすように
　肩を回すのがポイント

5秒で1周

×

5回

後ろから見ると

Hirose's advice!

肩の動きにあわせて肩甲骨を大き
く寄せたり開いたりしよう

2 肩甲骨を開くように
肩を前後に回す

肩のつけ根で円を描くイメージで肩
甲骨を開くように5秒かけて回しま
す。次に前から後ろにゆっくり円を
描くように回します。各5回。

**動きに合わせて
肩甲骨が
寄ったり
離れたりする**

肩甲骨がよく動き、
大きな円を描ける
と、肩を後ろに引
くと肩甲骨が寄り、
前に回すと肩甲骨
が離れます。

縮んだ筋肉を伸ばして、首から肩のこりをやわらげる

首すじ伸ばし

首の横の筋肉をほぐすと首こりがラクになり、
さらに顔の血液やリンパの流れがよくなるので、
顔のむくみの改善にも役立ちます。

LEVEL ★★★

伸ばす動き

後ろから見ると

1 背中で左ひじを右手で つかみ右横に首を倒す

背中に両手をまわしてひじを曲
げ、右手で左ひじをつかみ、右に
引きます。右横に首を倒して、左
の首すじが伸びたら5秒キープ。

Target Muscle

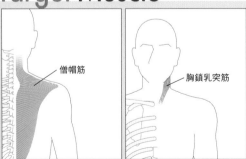

僧帽筋

胸鎖乳突筋

ここの筋肉を意識しよう!

・胸鎖乳突筋
（きょうさにゅうとつきん）
・僧帽筋
（そうぼうきん）

首の根元から鎖骨へとつながる胸鎖
乳突筋がほぐれると首が長く、デコ
ルテがキレイに見えます。僧帽筋の
ケアで肩こりも改善。

5秒キープ
×
左右
各5〜10セット

効かせるコツ!

● 首に痛みを感じたら、
　角度をゆるめてキープ

Hirose's advice!

首を傾ける角度を変えて、気持ちのいい位置でキープしよう

後ろから見ると

2 首を斜め下に倒して首の後ろを伸ばす

その姿勢のまま、斜め下を見るように首を前に倒します。首の後ろ側が伸びているのを感じたら5秒キープ。1、2を5〜10回くり返し、反対側も同様に。

OK

腕をしっかり引っ張る
腕をしっかり引っ張りながら首を倒すと、より筋肉をストレッチすることができます。

主な効果
✔ 首のこり予防
✔ デコルテを美しく
✔ 顔のむくみオフ

肩甲骨から腕の裏側を伸ばす

ひじ持ち倒し

日常生活では、腕を上に上げる機会はあまりありません。
そんな生活が続くと二の腕がどんどんたるみます。
肩甲骨から腕を使い二の腕を引き締めて細腕に！

1 頭の後ろに腕を回し 片手でひじをつかむ

両足を肩幅より少し広めに開いて立ちま
す。左腕を頭の後ろに回して、右手で曲
げた左ひじをつかんだら、ひじを右側に
引っ張りましょう。

Target Muscle

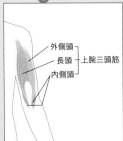

外側頭
長頭 ─ 上腕三頭筋
内側頭

ここの筋肉を意識しよう！

・上腕三頭筋
（じょうわんさんとうきん）

腕の後ろ側で、二の腕の位置にある
のが上腕三頭筋。ふだん意識しない
と使うことが少ないので、よくスト
レッチをしましょう。

主な効果

✓ 二の腕を細く

✓ わき腹の
  ぜい肉を取る

✓ 肩のこり解消

効かせるコツ!

◉肩をしっかり下げて腕の後ろ
　側が伸びているのを感じて

10秒
キープ
×
左右
各3〜5回

Hirose's advice!

ひじを引いた状態を
キープして腕の筋肉
を伸ばそう

2 ひじを持ったまま
上体を横に倒す

上体を右横に倒して、左の体
側から二の腕までが伸びたら
10秒キープし、1に戻ります。
これを3〜5回くり返しま
しょう。反対側も同様に。

LEVEL ★★★

伸ばす動き

肩まわりの疲れをその日のうちに取り、肩こり予防

肩甲骨ぐるり回し

デスクワークで手先だけ使うばかりだと、
肩甲骨まわりの筋肉が硬くなり、肩こりや猫背の原因に。
1日の終わりに肩甲骨を動かしましょう。

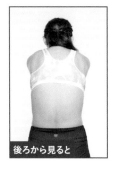

後ろから見ると

1 組んだ両手を
胸から遠ざけて
肩甲骨を開く

足を肩幅くらいに開き、胸の前で手
を組んでひじを伸ばします。肩甲骨
を開くように、組んだ手を胸から遠
ざけましょう。

Target Muscle

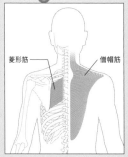

菱形筋　　僧帽筋

ここの筋肉を意識しよう!

・**僧帽筋**
　そうぼうきん
・**菱形筋**
　りょうけいきん

肩甲骨を引き寄せる菱形筋と、肩を
覆い、腕や肩の動きを担う僧帽筋を
動かして、肩の可動域を広げます。
肩こりの改善にも。

主な効果

✔ 肩のこり予防

✔ 猫背改善

✔ 背中スッキリ

効かせるコツ!

●肩を回しているときにも
お腹の力をゆるめない

5秒で1周 × 5〜10回

Hirose's advice!

肩甲骨で大きな円
を描くように、回し
ましょう

後ろから見ると

2 組んだ両手を 胸に近づけながら 左右の肩甲骨を閉じる

手を少し胸に近づけながら、左右の
肩甲骨を中央に寄せます。5秒かけ
て肩甲骨で大きな円を描くイメージ
で1→2を続けて5〜10回。

NG

お腹がゆるんでいる
お腹がゆるむと肩甲骨の動
きが小さくなるので、効率
よくほぐせません。

LEVEL ★★★

姿勢を正して胸を上げる
寝たままWTIエクサ

肩甲骨を引き寄せて胸を開くと、姿勢がよくなり、立ち姿が美しくなります。
すると垂れたバストが上がり、高い位置でキープできます。

縮める動き

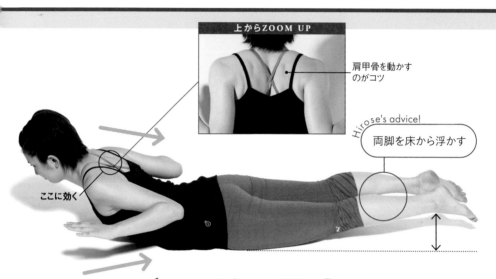

上からZOOM UP

肩甲骨を動かす
のがコツ

Hirose's advice!

両脚を床から浮かす

ここに効く

1 ひじを寄せて両腕で「W」の字をつくる

両腕を伸ばしてうつぶせになった状態から、両脚を床から少し浮かせ、同時に上体を反らせながら両ひじを背中のほうへ引き寄せ、肩甲骨を寄せます。上から見て両腕で「W」の字になっているように。

Target Muscle

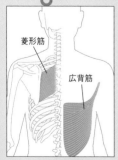

菱形筋

広背筋

ここの筋肉を意識しよう！

・**菱形筋**（りょうけいきん）　・**広背筋**（こうはいきん）

肩甲骨を寄せるときに、しっかり菱形筋を意識してバストアップ！

主な効果

✔ 背中スッキリ

✔ 美姿勢に

✔ バストアップ

148

10〜20回

2 全身で「T」の字をつくる

今度は両腕を真横にまっすぐ伸ばし、「T」の字
をつくりましょう。胸の筋肉を引き上げるように
上体を起こしたまま、腕を動かしましょう。

ここに効く

ここに効く

3 両手を重ねて「I」の字に

胸を浮かせたまま真横に伸ばしていた両腕を半円
を描くようにして頭上に戻し、手のひらを重ねて
「I」の字に。1から3を1セットとし、10〜20回
くり返します。

胸の前面と深層の筋肉をほぐして姿勢よく

寝たまま肩回し

LEVEL ★★★

胸の筋肉が硬くなると、肩が前に引っ張られて猫背になります。
肩甲骨を意識しながら肩を回して、胸の筋肉をほぐしましょう。

縮める動き

1 横向きに寝て両腕を前に出す

横向きに床に寝て、両腕はそろえて肩の高さ
で体の前に置き、両ひざは軽く曲げてそろえ
ます。

Target Muscle

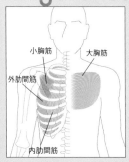

小胸筋　大胸筋

外肋間筋

内肋間筋

ここの筋肉を意識しよう!

・大胸筋　・小胸筋
　だいきょうきん　しょうきょうきん

・内・外肋間筋
　ない　がいろっかんきん

胸の大きな筋肉・大胸筋が硬いと肩
が前に引っ張られて猫背に。胸の奥
にある小胸筋と肋骨の間の内・外肋
間筋も同時に伸ばしましょう。

主な効果

✔ バストアップ

✔ 背中スッキリ

✔ 肩のこり予防

効かせるコツ!

● 指先が遠くを通るように
　腕を大きく回そう

10秒で1周
×
左右
各2〜3回

2 肩を後ろから前へ大きく回す

肩甲骨を大きく回すようなイメージで、腕が
なるべく体から遠くを通るように後ろから前
へ10秒かけて大きく回し、1に戻ります。2
〜3回くり返したら、反対側も同様に。

Hirose's advice!

腕で大きな円を描くように
回そう

ひじを床につける

肩甲骨が硬くて、腕が
回しづらい人は、上側
のひじを床に3秒つけ
るストレッチを。これ
を左右3回ずつ行う
と、スムーズに肩が動
かせるように。

腕からデコルテラインを美しく

ひざつき腕立て

二の腕の筋肉と胸の筋肉を同時に使って、
腕からデコルテのラインを美しくするエクササイズ。
ノースリーブの似合う細腕に！

1 ## ひざをついて両手を床に

うつぶせの状態から、肩の下に両手のひらを
置いて上体を持ち上げます。つま先は立てた
状態で、床につけましょう。

Hirose's advice! 肩の下に手をつく

Hirose's advice! つま先を立てる

Target Muscle

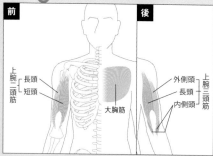

| 前 | 後 |

上腕二頭筋 長頭 短頭
大胸筋
外側頭 長頭 内側頭 上腕三頭筋

ここの筋肉を意識しよう！

- ・上腕三頭筋
- ・上腕二頭筋 ・大胸筋

二の腕を引き締めるために大胸筋と
上腕三頭筋、上腕二頭筋を使いま
す。バストと二の腕をケア！

効かせるコツ!

● ひじを曲げるときに
肩甲骨を寄せてわきをしめて

10〜20回

上からZOOM UP

横にひじをそろえて
わきをしめる

2 ひざをついたままひじを曲げる

3秒かけてゆっくりとひじを曲げて体を床に
近づけ、3秒かけて体をゆっくり持ち上げて、
1の姿勢に戻ります。これをⅠセットとし、
10〜20回行います。

ここに効く

NG

ひじが外側に開く
ひじを開きすぎると、二の
腕に効きません。

主な効果

✓ 二の腕の
引き締め

✓ デコルテを
美しく

✓ バストアップ

左右の胸筋を順番に鍛える

アシンメトリー腕立て

LEVEL ★★★

手をずらした腕立てふせで、左右交互に胸の筋肉を刺激します。
ペタンコな胸も大胸筋と小胸筋に持ち上げられて、バストアップ！

縮める動き

1 手の位置をずらして
腕立てふせの姿勢に

うつぶせの状態から、両方の手を、手のひら
1個分ほどずらして肩の下に置き、ひざを床
につけたまま上体を持ち上げて腕立てふせの
準備姿勢をつくります。

Hirose's advice!

手の位置をずらす

上からZOOM UP — 手ひとつ分ずらす

Target Muscle

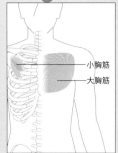

— 小胸筋
— 大胸筋

ここの筋肉を意識しよう！

・**小胸筋**
しょうきょうきん

・**大胸筋**
だいきょうきん

手を前についた側の大・小胸筋が使
われます。左右同じ回数行って、両
方の胸筋をバランスよく鍛えて。

主な効果

✓ バストアップ

✓ 二の腕の
引き締め

✓ 下腹が凹む

効かせるコツ！

●胸の上側の筋肉に
　効いているのを意識して

左右
各**5～10**回

2 左右の胸筋を意識しながら
腕立てふせ

ひざから肩までが床と平行になるように意識
しながら、ひじをゆっくり曲げてから1に戻
ります。これを1セットとし、5～10回行いま
す。手の位置を逆にして同様に行いましょう。

ここに効く

手がそろうと腕に
効いてしまいます

腰が反ると腰を
痛めるので注意

NG

腰が反って肩が上がる

腰が反ってしまったり、手
の位置がそろってしまうと
胸の筋肉を交互に刺激でき
ません。

効果をしっかり上げるための 体幹 Q & A

一日に何回やってもいいの？　いつ行うのが効果的？など、
エクササイズの効果を高める方法をQ＆A方式で紹介します。
体幹トレの疑問をここで解決！

Q 1日に何回やってもいいの？
1週間で何回
行えばいいの？

A 1日に1セットで十分。
週に3セットくらいを
目安に行って

目安は1日に1セット。最初は各エクササイズを10回または10秒を目安に。「ちょっとキツい」と思った回数から2〜3回、数を増やすこと。トレーニングの頻度は週に3セットを目安に行って。筋肉は休ませたほうが効率よく鍛えられます。

Q どれくらいで
効果が出るの？

A 1セットでも
体の変化に気づくはず

例えば、かかとの上げ下げなどは、脚がむくんだときに行えば、すぐに脚が軽くなるのを実感できます。1セットでも行えばすぐに体が反応するものも。正しい姿勢をとりやすくなるなど、変化は少しずつ確実に現れます。

Q 運動初心者でもできる？

A できるところから始めましょう！

運動不足の人はストレッチだけでもOK。できる回数や秒数から始めれば十分。お腹を凹ませるだけでも立派な体幹トレーニングになりますから、できることからすぐに始めましょう。

Q 効果を上げるために
意識すべきことは何？

A 使っている筋肉を
必ず意識しましょう

筋肉は意識するだけで働きます。歩いているときに、お腹の筋肉を意識するだけでも立派なエクササイズです。また、見本のポーズにできるだけ近づけるようにチェックしながらエクササイズをすると、正しく筋肉が使えるようになります。

Q 見本通りにできないけど
いいの?

A 完成ポーズの手前でも
効果があります

完成ポーズまでできなくても、その手前の easy ポーズまででもOK。easy が簡単にできるようになったら、完成ポーズにトライしましょう。ただし、できないときにも「ここの筋肉を意識しよう」で紹介している筋肉を意識しながら行って。

Q エクササイズ中の呼吸は?

A 自然呼吸が基本です

呼吸を止めるのは絶対NG! 基本は自分のペースで自然呼吸をくり返します。特に力を入れるときや、ツラくなったときは、ゆっくりと息を吐きましょう。すると筋肉のムダな緊張がほぐれて、効率よく筋肉を使えるようになります。

Q 1日のうちでいつ行うのが
効果的?

A 夜寝る前や
朝起きたときがベター

お風呂上がりの体が温まったときに行えば、筋肉の血行もよくなっているので、筋肉を鍛えやすくなります。また、朝起きたときに行えば、体が温まって1日中代謝のいい体に。どちらもストレッチの後にエクササイズを組み合わせましょう。

Q 疲れている日は
休んでいいの?

A 疲れている日は
筋肉のリラックスデイに!

もちろん休みましょう。ただし、ストレッチで筋肉のこわばりが改善する場合もあります。お風呂に入って、体がリラックスした後で、ストレッチを行ってみましょう。疲れが取れて、体がラクになるかもしれません。

Q どれくらいエクササイズの
効果は続く?

A 2〜3週間くらいです。
少しずつでも継続しましょう

せっかく筋肉がついても、2〜3週間何もやらないと少しずつ落ちてしまいます。週に1回、本の中で気になるものを1〜2種類でもいいので続けましょう。また、日常生活の中でトレーニングの動きを取り入れるのもおすすめです。

て　い　る　筋　肉　図

い！」と思ったときには、筋肉名に書かれたページのストレッチを行いましょう。

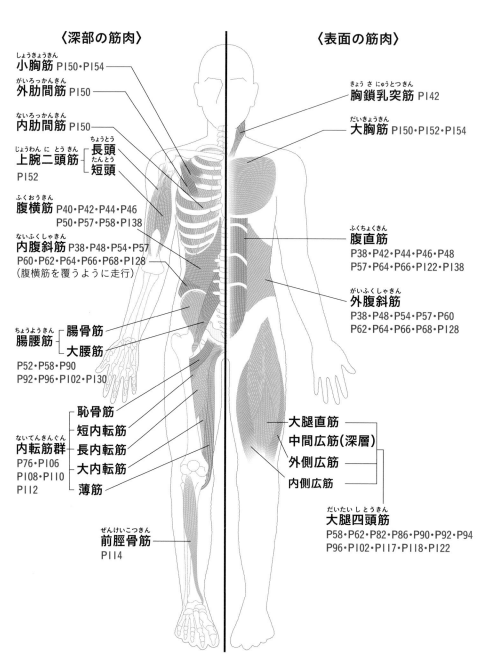

〈深部の筋肉〉　　　　　　　　　　　　　　〈表面の筋肉〉

しょうきょうきん
小胸筋 P150・P154

がいろっかんきん
外肋間筋 P150

ないろっかんきん
内肋間筋 P150

じょうわん に とうきん
上腕二頭筋　ちょうとう **長頭**
たんとう **短頭**
P152

ふくおうきん
腹横筋 P40・P42・P44・P46
P50・P57・P58・P138

ないふくしゃきん
内腹斜筋 P38・P48・P54・P57
P60・P62・P64・P66・P68・P128
（腹横筋を覆うように走行）

ちょうようきん
腸腰筋　**腸骨筋**
大腰筋
P52・P58・P90
P92・P96・P102・P130

恥骨筋
短内転筋
ないてんきんぐん
内転筋群　**長内転筋**
P76・P106　**大内転筋**
P108・P110
P112　**薄筋**

ぜんけいこつきん
前脛骨筋
P114

きょう さ にゅうとつきん
胸鎖乳突筋 P142

だいきょうきん
大胸筋 P150・P152・P154

ふくちょくきん
腹直筋
P38・P42・P44・P46・P48
P57・P64・P66・P122・P138

がいふくしゃきん
外腹斜筋
P38・P48・P54・P57・P60
P62・P64・P66・P68・P128

大腿直筋
中間広筋(深層)
外側広筋
内側広筋

だいたい し とうきん
大腿四頭筋
P58・P62・P82・P86・P90・P92・P94
P96・P102・P117・P118・P122

体 の 前 面 の 筋 肉

本 書 で 紹 介 し

本書のストレッチで意識する筋肉を集めました。逆に「この筋肉をストレッチした

※筋肉図は表面・深部ともに左右対称です。

〈深部の筋肉〉　　　　　　　　　　　〈表面の筋肉〉

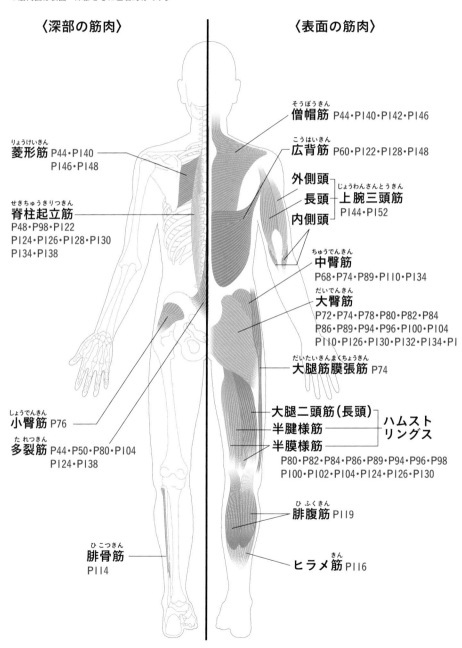

そうぼうきん
僧帽筋 P44・P140・P142・P146

こうはいきん
広背筋 P60・P122・P128・P148

りょうけいきん
菱形筋 P44・P140
P146・P148

外側頭
じょうわんさんとうきん
長頭 **上腕三頭筋**
P144・P152
内側頭

せきちゅうきりつきん
脊柱起立筋
P48・P98・P122
P124・P126・P128・P130
P134・P138

ちゅうでんきん
中臀筋
P68・P74・P89・P110・P134

だいでんきん
大臀筋
P72・P74・P78・P80・P82・P84
P86・P89・P94・P96・P100・P104
P110・P126・P130・P132・P134・PI

だいたいきんまくちょうきん
大腿筋膜張筋 P74

大腿二頭筋（長頭）
半腱様筋
半膜様筋
ハムスト
リングス

しょうでんきん
小臀筋 P76

たれつきん
多裂筋 P44・P50・P80・P104
P124・P138

P80・P82・P84・P86・P89・P94・P96・P98
P100・P102・P104・P124・P126・P130

ひふくきん
腓腹筋 P119

ひこつきん
腓骨筋
P114

きん
ヒラメ筋 P116

体 の 背 面 の 筋 肉

著者

広瀬統一

早稲田大学スポーツ科学学術院教授。早稲田大学人間科学部スポー
ツ科学科を卒業後、東京大学大学院総合文化研究科で博士課程修
了。専門はアスレティックトレーニング学、トレーニング科学ほか。
早稲田大学にて教鞭をとるかたわら、サッカー女子日本代表コーチ
(2021年まで)、東京ヴェルディやジェフユナイテッド千葉ユースアカ
デミーでコンディショニングコーチを歴任。科学的、かつわかりやす
い指導に定評がある。ＴＶ番組や雑誌などの監修などでも活躍。

スタッフ

撮影	布川航太	カバーデザイン	渡邉民人(TYPEFACE)
ヘアメイク	梅原麻衣子　斉藤節子	本文デザイン	谷関笑子(TYPEFACE)
モデル	依吹怜　矢原里夏	編集・取材	山本美和
イラスト	イチカワエリ　Chao	校正	麦秋アートセンター
筋肉イラスト	キットデザイン	企画・編集	小中知美

大人女子の すごい 体幹トレ&ストレッチ

2023年10月10日　第1刷発行

著者　　広瀬統一

発行人　土屋徹
編集人　滝口勝弘

発行所　株式会社Gakken
　　　　〒141-8416　東京都品川区西五反田2−11−8
印刷所　大日本印刷株式会社
DTP　　株式会社グレン

●この本に関する各種お問い合わせ先
本の内容については、下記サイトのお問い合わせフォームよりお願いします。
https://www.corp-gakken.co.jp/contact/

・在庫については　Tel 03-6431-1250(販売部)
・不良品(落丁、乱丁)については　Tel 0570-000577
　学研業務センター
　〒354-0045 埼玉県入間郡三芳町上富279-1
●上記以外のお問い合わせはTel 0570-056-710(学研グループ総合案内)
© Norikazu Hirose 2023 Printed in Japan

●学研グループの書籍・雑誌についての新刊情報・詳細情報は下記をご覧ください。
学研出版サイト　https://hon.gakken.jp/

※本書は2015年弊社刊の『女子の体幹レッスン』『大人女子の体幹ストレッチ』を抜粋、一部改訂したものです。